Les Éditions du Boréal
4447, rue Saint-Denis
Montréal (Québec) H2J 2L2
www.editionsboreal.qc.ca

Jésus lave plus blanc

Bruno Ballardini

Jésus lave plus blanc

Ou comment l'Église
a inventé le marketing

Traduit de l'italien
par Jean-Luc Defromont

Boréal

L'éditeur tient à remercier pour leur relecture ou leurs précieux conseils : Jean-Pierre Laurant, Julie Levieux et Jérôme Prieur

Texte de référence : *La Bible de Jérusalem*, Cerf, Paris, 1996

© Minimum Fax 2000
© Les Éditions du Boréal 2006 pour l'édition française
   au Canada
© Les Éditions Liana Levi 2006 pour la traduction française
   pour tout pays à l'exception du Canada
Dépôt légal : 4ᵉ trimestre 2006
Bibliothèque et Archives nationales du Québec

L'édition originale de cet ouvrage est parue en 2000 chez Minimum Fax sous le titre *Gesù lava più bianco*.

Diffusion au Canada : Dimedia

Catalogage avant publication de Bibliothèque et Archives Canada
   Ballardini, Bruno, 1954-
   Jésus lave plus blanc, ou, Comment l'Église a inventé le marketing
   Traduction de : Gesù lava più bianco, ovvero, Come la Chiesa inventà il marketing.
   ISBN-13 : 978-2-7646-0494-6
   ISBN-10 : 2-7646-0494-7
   1. Églises – Publicité. 2. Église – Marketing – Église catholique. 3. Prosélytisme. 4. Église catholique – Relations publiques – Histoire. I. Titre. II. Titre : Comment l'Église a inventé le marketing.

BV652.23.B3414   2006   254'.4   C2006-941341-X

Introduction

Comment des individus grisâtres et sans talent, qui sacrifient leur existence à la raison d'entreprise, ont-ils pu devenir un modèle pour les générations montantes? Et pourquoi au cinéma, à la télévision, et par conséquent dans l'imaginaire collectif, les héros ressemblent-ils toujours plus à des fonctionnaires? La raison de ce phénomène tient à la fascination irrésistible qu'exerce une nouvelle religion qui promet succès et pouvoir illimité à ses fidèles: le marketing.

Selon les adeptes de ce culte omniscient et omniprésent, on peut faire du marketing à partir de n'importe quoi. Tout est marketing. Du divertissement à l'information, de la culture à la recherche scientifique. Avec une stratégie de marché, il n'y a rien qui ne puisse être créé de toutes pièces.

Dès son apparition, les prophètes de la nouvelle philosophie de l'entreprise prévoyaient que le directeur marketing se situerait d'abord sur le même plan que les autres managers pour faire ensuite une ascension rapide et s'asseoir à la droite du PDG. Ce fut effectivement le cas, mais les miracles promis ne se réalisèrent pas, car le projet initial d'assurer un Éden éternel à tous se heurta aux limites du développement durable et aux contradictions de la mondialisation.

Ainsi, le temple des marchands a fini par se remplir de marchands du temple.

À l'aube du nouveau millénaire, après une durée de vie d'une cinquantaine d'années, le marketing traverse une crise irréversible. Crise culturelle et technique, crise de valeurs et de contenus. Les grands gourous des «quatre *p*» – *product, price, place* et *promotion* (produit, prix, distribution et communication) –, après avoir tenté d'appliquer leur discipline à toutes les disciplines existantes, ne savent plus donner de motivation valable à ce qu'ils prêchent. Des apocalyptiques tel Gerd Gerken jettent l'anathème sur leur propre engeance, tandis que de faux prophètes tel Jay Chiat ajoutent un cinquième «*p*» au vieux catéchisme*.

Partout surgissent de nouvelles sectes. Mais une vérité demeure, que les hommes de marketing sont trop bornés pour entrevoir: les principes infaillibles sur lesquels ils ont bâti des stratégies de marché complexes et qu'ils ont enseignés à des générations entières de jeunes adeptes aspirants managers n'ont pas été inventés au XXe siècle, mais existent depuis deux mille ans, comme nous le montrerons dès le premier chapitre de cet ouvrage. Le deuxième chapitre aborde quant à lui le facteur stratégique de la politique de prix. Le troisième décrit les méthodes les plus efficaces pour fidéliser la clientèle, dont l'art d'aménager le point de vente. Le quatrième traite de la communication qui, tout bien considéré, est l'arme la plus puissante du marketing. Enfin, le cinquième montre comment les techniques les plus en pointe du marketing moderne, comme le *benchmarking*, ont déjà été utilisées efficacement par l'Église.

---

* Le «p» de paradigme, soit la capacité de changer de modèle ou de schéma.

Cet ouvrage entend rendre à César ce qui est à César, en exposant concrètement l'impressionnant bagage technique et le niveau de préparation des plus grands stratèges et experts en communication de l'histoire.

Nous n'avons pas la prétention de couvrir toutes les thématiques dont l'Église s'est occupée au cours des siècles. C'est une vaste histoire, faite d'hommes et surtout de mots. Nous nous sommes bornés à mettre en évidence certains points susceptibles d'avoir échappé aux grands prêtres du marketing actuel.

En effet, ces derniers se comportent en pharisiens. Ils appliquent de façon rigide de vieilles règles et, même lorsqu'ils en inventent de nouvelles, ils les adoptent en affichant hypocritement une foi qu'ils n'ont pas. Leurs actions se fondent sur l'utilisation d'une technique spécifique, tandis que la stratégie de l'Église utilise depuis toujours toutes les techniques connues, simultanément et sur un plan global.

Le marketing moderne s'est constitué comme un ensemble de principes: l'Église a non seulement montré qu'elle savait poser des principes, mais aussi les contredire de façon tout aussi infaillible. Il ne fait aucun doute que le marketing de l'Église a réussi là où le marketing moderne a échoué. Après, on peut être d'accord ou pas sur l'existence du marketing. Mais c'est là une autre question.

L'humanité paraît extraordinairement réfractaire aux leçons de l'histoire: les mêmes situations se répètent inlassablement et personne ne s'en aperçoit à temps pour en éviter les conséquences. De même, personne ne prête attention à la répétition constante de vieilles conceptions du monde, de vieilles philosophies, transformées – mais seulement en apparence –, par de nouvelles terminologies ou de nouveaux habillages doctrinaires. L'hypothèse de Chomsky selon laquelle une «ingénierie historique» aurait déjà permis de réécrire des pans entiers de l'histoire, en les modifiant de façon à les rendre méconnaissables par rapport aux faits originels, s'est révélée bien naïve.

L'habitude de «réécrire» la réalité est l'essence même du marketing. On «refaçonne» des chaînes de fabrication tout entières, on «relooke» une voiture pour continuer à vendre le même modèle, ou bien on modifie, en la réécrivant, une carte génétique pour créer des clones parfaits ou des espèces en mesure de satisfaire certaines exigences du marché. Quand les originaux sont remplacés par les copies «réécrites», personne ne se souvient plus du modèle de départ. Le système des marchandises ne peut avoir de mémoire et se situe donc dans une totale antinomie par rapport à l'histoire et à la culture, auxquelles il vise à se substituer. Et le marketing est son âme. Ses finalités totalisantes permettent de comprendre comment le marketing est aujourd'hui devenu la religion par excellence. Il convient donc, pour mieux mettre en évidence la portée de cette mystification moderne dont les victimes inconscientes sont des personnes de bonne foi, de partir d'un rapide tableau historique et de certaines définitions.

L'origine du marketing semble assez incertaine, même pour les spécialistes de cette discipline. Certains textes qui, encore récemment, faisaient référence dans les écoles de management trahissent un certain embarras lorsqu'il s'agit d'en établir la chronologie. D'aucuns ont tenté, sans grand succès, de distinguer carrément des «phases historiques» qui ont marqué l'évolution de cette nouvelle science:

1900-1910: période de la découverte.

1910-1920: période de la conceptualisation. On commence à définir les termes de façon plus précise et à effectuer les premières classifications des concepts.

1920-1930: période de l'intégration. On tente d'intégrer les premières contributions universitaires, afin de systématiser la question en lui donnant une première forme théorique.

1930-1950: période du développement et de la reformulation. L'exigence d'approfondir la question commence à se faire jour.

1950-1960: période de la reconceptualisation. On assiste à un développement remarquable des sciences sociales: psychologie, sociologie, anthropologie, et des sciences quantitatives: mathématiques, statistique, informatique. Le marketing commence à s'enrichir de diverses contributions disciplinaires et d'une terminologie plus sophistiquée et précise dérivant justement de ces sciences[1].

Bien entendu ce n'est là qu'un exemple, mais il est symptomatique d'une certaine mentalité. En vertu de la prétendue scientificité de cette discipline, on en vient naturellement à brosser des tableaux historiques lacunaires et contradictoires tels que celui-ci (où l'on parle notamment de la «découverte», ou bien de l'exigence d'«approfondir la question» qui se fait enfin jour mais seulement après sa «reformulation»: au fait, de quelle «question» s'agit-il?), et à définir le marketing sous l'influence évidente de la psychologie comportementaliste.

Le marketing est une orientation comportementale qui privilégie le moment de l'analyse du consommateur/acheteur, de ses besoins latents et manifestes, de ses comportements d'achat, afin de permettre à l'entreprise de fabriquer le bon produit et de le vendre au bon endroit et au moment le plus opportun. À partir de cette acception, on passe rapidement à ce qu'on appelle le *marketing management* qui domine encore actuellement la discipline, et qui met l'accent sur l'élaboration du projet et l'équilibrage des variables du *marketing-mix*[2].

La théorie du *marketing-mix*, fondée sur la fameuse formule des «quatre *p*» – *product, price, place,* et *promotion* – conçus comme paramètres variables sur lesquels articuler la stratégie de vente, est encore à ce jour le pivot de la discipline dont elle représente sans aucun doute, au dire de tous ses exégètes, la grande innovation.

Le «pas en avant» aurait été franchi en faisant passer notre civilisation mercantile d'un stade primitif, où toutes les marchandises étaient à la disposition de tous et où l'on n'effectuait d'achat spontané qu'en fonction de ses propres besoins, à un stade où les marchandises sont hiérarchisées entre elles par une sorte d'*agenda-setting**, voire produites sur la base de besoins suscités artificiellement.

Si l'on considère le vide éthique absolu qui sous-tend cette théorie, il est facile de comprendre pourquoi le marketing et la publicité s'efforcent sans cesse, encore actuellement, de faire preuve de rigueur déontologique en vue de garantir le respect du consommateur au moyen d'un ensemble de «codes», «jurys», «comités de garantie»,

---

* Le terme d'*agenda-setting*, utilisé en sociologie de la communication, indique l'emploi d'un plan ou projet préalable à l'action, dont le destinataire n'a absolument pas conscience.

«prud'hommes», etc., qui n'a son pareil dans aucune autre activité de services destinée au public.

Cet escadron de dilettantes est cependant tombé à son insu dans l'erreur suivante: le marketing existe déjà depuis deux mille ans et continue à être utilisé avec succès par ses véritables concepteurs, qui ont instauré un mécanisme d'harmonisation presque parfait entre production et consommation donnant lieu à un modèle éthique de consommation (entre autres parce qu'il est fondé sur la consommation de l'éthique). Une gigantesque construction, dont il est difficile de distinguer les limites, un chef-d'œuvre vivant qui, chaque jour, se recrée et produit les réponses aux attentes des consommateurs, en faisant appel à leur bonne foi.

1

Genèse (du marketing)

Le marché de la culpabilité

Le marketing, comme l'affirment des auteurs américains toujours en vogue, est une guerre[1]. Et dans une guerre, surtout lorsqu'elle est sans merci, afin de remporter la victoire, il convient de préparer soigneusement le terrain – par exemple, en déstabilisant psychologiquement la cible. Pour obtenir ce résultat, rien de mieux que le «sentiment de dette» et celui de culpabilité qui lui est associé. Virus si contagieux que l'extrême facilité avec laquelle il se répand n'a d'égal que l'extrême réticence des institutions à l'éradiquer: c'est en effet un puissant facteur de cohésion sociale autour de l'autorité.

Il existe des groupes, des institutions, des sociétés, des cultures entières, des agglomérats humains de nature et d'histoire différentes, qui sont fondés sur le sentiment de culpabilité. Jean Delumeau a bien décrit à quel point notre civilisation a été modelée par ce sentiment[2]. Comment le marketing pouvait-il négliger un instrument de persuasion d'une telle portée? Encore de nos jours, l'une des pratiques courantes sur le marché hypercompétitif des lessives où prévalent des stratégies agressives consiste à informer sur les caractéristiques du produit et en même temps à injecter à ceux qui ne l'ont pas encore choisi des doses massives de *social embarrassment* – autrement dit ce sentiment de culpabilité provoqué par la crainte de paraître sale et négligé aux yeux de la société.

L'offensive semble avoir pour seul objectif les habitudes d'hygiène, mais cela va bien plus loin. À partir de là, en effet, on remonte par induction aux habitudes quotidiennes et donc à la philosophie de vie du noyau familial, c'est-à-dire en définitive à sa conception du monde. C'est la manière d'être qui est en jeu, et non la propreté. Si l'on obtient une propreté «moins propre» que celle des autres, on n'est pas à la hauteur du standard requis par la société en matière d'apparences. La propreté est une catégorie de l'esprit, et donc celui qui porte une chemise sale doit aussi avoir, au fond, la conscience sale[3].

Pour provoquer des réactions psychologiques de cette ampleur, il faut avant tout communiquer. Et les plus grands communicateurs de l'histoire ne se sont pas bornés à transmettre la «bonne nouvelle» aux personnes douées de raison, ils ont diffusé un sentiment de culpabilité suffisant pour faire levier sur les indécis et les ignorants. Une stratégie infaillible.

Nul n'ignore comment se forme le sentiment de culpabilité. Selon les spécialistes de la persuasion, le «principe du contre-échange» est le plus enraciné des principes qui favorisent l'adaptation au sein d'une culture, par le biais du processus de socialisation. Pas besoin du renard et du chat de *Pinocchio* pour s'apercevoir que l'évolution de la société humaine se fonde sur une «toile d'araignée de dettes» formée de faisceaux d'interdépendances liant les individus entre eux au sein d'unités d'une grande efficacité[4].

Partons du principe que le mythe de l'Éden a constitué au cours des siècles le terrain le plus fertile pour faire croître le désir d'achat. Nous aspirons tous à une meilleure condition d'existence et cette condition idéale a autrefois été la nôtre, selon l'ancienne religion. Lors de la période initiale, le premier chef de produit de la Multinationale, un certain Paul de Tarse, ne fit qu'articuler un dispositif de persuasion en deux temps. Dans le premier, il s'est approprié le potentiel culpabilisant de ce mythe. Nous aurions perdu l'Éden parce que nous descendons du premier pécheur, chassé dès lors du Paradis. Donc, génétiquement, nous sommes aussi des pécheurs (Épître aux Romains 5,12). Dans le second temps de sa géniale stratégie de communication, il lia indissolublement cet incident au rachat du péché originel par le sacrifice de Jésus (Épître aux Romains 5,19; première Épître aux Corinthiens 15,22). C'est ce passage fondamental qui allait déclencher le sentiment de culpabilité de la cible. L'épisode fut cité comme cas exemplaire (*case history**) justifiant la mort de l'adepte comme «preuve» de l'excellence de la marque, de la bonne foi de ses représentants, et en définitive insinuant la nécessité d'y répondre par une foi illimitée et inconditionnelle, comme dans un terrible *potlatch***.

---

* Par une étrange ironie du sort, la mort elle-même du chef de produit devint *case history*, après qu'il eut utilisé pendant toute sa vie une méthode didactique justement fondée sur les *case histories*.

** Forme ritualisée d'échange en usage dans les sociétés primitives, selon laquelle celui qui reçoit un don doit faire en retour un don encore plus grand. (Marcel Mauss, *Essai sur le don*, 1923, cité par Umberto Galimberti, *Les Raisons du corps*, Grasset, Paris, 1998, pp. 252-260, 321-327.)

In hoc signo vinces

Imaginons maintenant que pour attirer les clients vers la nouvelle marque et poser les fondements de leur fidélisation, on ait adopté comme symbole non pas une image à même de représenter le bonheur primordial de l'Éden, mais plutôt un instrument de torture: non pas un engin mortifère choisi au hasard mais précisément l'instrument au moyen duquel le fils d'un artisan, premier entrepreneur de ce qui devait devenir la plus grande industrie de l'histoire, choisit de se sacrifier «pour le bien de l'humanité». Cet individu devait certainement avoir une bonne dose de charisme, mais en l'occurrence il voulut se dépasser en s'immolant entièrement à la cause de l'entreprise – du moins selon le récit des évangiles. Et si nous admettons l'hypothèse du suicide, personne ne saura jamais si l'animateur de la petite secte s'est suicidé en prévoyant les malentendus à venir, ou en subodorant que le produit artisanal de la secte tomberait vite entre les mains d'une usine qui par la suite le dénaturerait totalement*.

Lors de la première adoration de ce signe, Paul, le chef de produit qui inventa la marque était parfaitement conscient du fait que ce symbole négatif constituait un «scandale pour les juifs et [une] folie pour les païens» (première Épître aux Corinthiens 1,23). Le moyen de per-

---

* Les temps ont bien changé: de nos jours aucun manager ne serait capable de s'auto-éliminer, même face à l'échec de son propre produit. L'irresponsabilité de notre classe dirigeante la porte tout au plus à la réduction des effectifs de l'entreprise pour faire des économies et préserver le cycle de production, en affichant ainsi une infaillibilité qu'on n'attribuait jadis qu'aux papes. *Cf.* aussi Bob Briner, *The management methods of Jesus*, Nelson Business, Nashville, 1996.

suasion mis en œuvre était tellement puissant que lorsqu'une riche littérature de propagande se bâtit autour de ce qu'on avait aussitôt défini comme un sacrifice humain, des critiques féroces tel Porphyre – lesquels ne formulaient au fond que des objections tout à fait négligeables au mauvais goût qui caractérisait la nouvelle religion – ne parvinrent nullement à entamer le mécanisme désormais bien rôdé.

On connaît bien cette parole du Maître, commence-t-il : « Si vous ne mangez la chair du Fils de l'homme et ne buvez son sang, vous n'aurez pas la vie en vous[5] », ce qui n'est pas simplement bestial et extravagant, mais passe toute extravagance et toute bestialité, à savoir qu'un être humain se nourrisse de chair humaine et boive le sang d'un être de son espèce […].

Que signifie ce type de propos ? Même s'il contenait, sous un voile allégorique, quelque chose d'initiatique et de bénéfique, sa puanteur et son caractère déplaisant, en pénétrant par l'oreille, corrompent, troublent l'âme, et souillent le sens des textes sacrés en plongeant l'homme dans le vertige, ce qui le prédispose à se perdre dans les ténèbres ; la nature des êtres irrationnels ne supportera jamais pareille chose […].

Soyez donc attentifs : telle est la religion que vous embrasserez, si vous vous laissez irrationnellement persuader ; voyez le mal qui s'étend non seulement dans les campagnes, mais aussi dans les villes[6].

Indépendamment de la façon dont les faits se sont effectivement déroulés, le succès de cette initiative s'étale sous nos yeux, et à l'heure actuelle l'instrument de mort est encore reproduit à des millions d'exemplaires comme

19

marque déposée, affiché sur les murs des maternelles et des écoles de certains pays (dont l'Italie), et même transformé en l'un des bijoux unisexes les plus populaires, adouci par des pierres précieuses dans la version pour dame. Au fond, ça aurait pu être pire : Dieu sait quel gadget nous porterions aujourd'hui si Jésus avait été pendu ou décapité.

Les tables de l'unicité

Les détracteurs de la marque n'y pouvaient rien. L'action capillaire de RP (Relations Publiques) poursuivie par les évangélistes avait préparé le terrain à la plus grande campagne de marketing de l'histoire. Parce que la fidélisation des clients à la marque doit être obtenue par n'importe quels moyens, les bons comme les mauvais. Ce n'est qu'après avoir, pour ainsi dire, « déséquilibré » psychologiquement la cible qu'il est possible d'affirmer l'unicité (*uniqueness*) du produit, ce qui constitue la première étape concrète d'une stratégie de marketing envahissant.

Encore une fois, pour créer autour du produit une aura d'unicité, il faut communiquer. Les directives (*guidelines*) d'une marque passant à l'époque pour la meilleure, autrement dit les Dix Commandements, que le christianisme s'appropria comme elle le fit de l'Ancien Testament, avaient déjà établi le dogme de l'unicité dans les deux versions les plus anciennes (Exode 20,1-21 et Deutéronome 5,1-22), et ce de façon incomparable.

• *Je suis Yahvé ton Dieu*
Ce que cet énoncé établit avant tout, c'est l'identité du locuteur. Bien que l'« effondrement de l'esprit bicaméral »

eût été dépassé depuis des temps immémoriaux*, à la lecture de ce commandement une sorte de voix off** dont il n'est pas possible de déterminer l'origine semble se faire entendre. Il s'agit là d'un mécanisme qui joue sur nos modalités cognitives les plus anciennes en nous ramenant à l'époque lointaine où, en raison d'une division plus nette entre nos hémisphères cérébraux, nous entendions des « voix » que nous attribuions à la divinité[7].

- *Tu n'auras pas d'autres dieux devant moi*
L'impératif établit une fois pour toutes l'unicité, en s'assurant en même temps que la cible ne s'échappe pas, attirée par d'éventuels concurrents.

C'est ce que rend de façon encore plus explicite le passage de l'Évangile selon Matthieu: « Prenez garde qu'on ne vous abuse. Car il en viendra beaucoup sous mon nom, qui diront: "C'est moi le Christ", et ils abuseront bien des gens[8]. »

- *Tu ne te feras aucune image sculptée, rien qui ressemble à ce qui est dans les cieux, là-haut*
La dispersion de l'image et sa fragmentation peuvent démolir n'importe quelle stratégie de marketing. Ce qui est en jeu, c'est non seulement l'unicité du produit mais aussi celle de la marque. Seule l'entreprise est autorisée à parler du produit (ou de soi-même), et elle doit exercer un contrôle très étroit sur son image. Ce sont les principes qui sous-tendent la « charte graphique ».

Il est intéressant de souligner que le deuxième com-

---

* La théorie de la « bicaméralité » a été élaborée par le psychologue américain Julian Jaynes.
** Encore aujourd'hui dans le jargon publicitaire, la voix off d'un spot est aussi appelée *voice of God*.

mandement fut réinterprété à partir du second concile de Nicée (787) pour justifier le culte des icônes. La réécriture du Décalogue fournie par le *Catéchisme de l'Église catholique* confirme qu'il s'est agi d'une opération absolument nécessaire pour permettre l'utilisation massive, que la religion antique aurait au contraire qualifiée d'idolâtrie, des images sacrées et des gadgets au niveau publicitaire*.

• *Tu ne prononceras pas le nom de Yahvé ton Dieu à faux*

Si la divinité coïncide avec le «Verbe», l'acte perlocutoire consistant à prononcer ce mot équivaut à le vider de son sens, à le défonctionnaliser, et pratiquement à tuer Dieu et avec lui le monde**. Cette formulation implique donc une alternative entre un monde gouverné par les mots, issu d'un «Verbe» innommable, et un monde où les mots n'ont aucune valeur, un monde résistant à notre nominalisme. Terrible alternative qui ne laisse aucun choix.

La valorisation du signifiant, contrairement à ce que soutiennent les apocalyptiques d'école marxiste, n'est pas née avec la civilisation des marchandises, comme conséquence du marketing, mais précisément, par une équivoque diabolique, au moment même où le christianisme commença à valoriser le mot «Verbe».

---

* «Le culte des images saintes est fondé sur le mystère de l'Incarnation du Verbe de Dieu. Il n'est pas contraire au premier commandement», dans *Catéchisme de l'Église Catholique*, Mame-Plon, Paris, 1992, § 2141.

** *Cf.* Jean Baudrillard, *Le Crime parfait*, Galilée, Paris, 1995, p. 47: «Le crime parfait, c'est celui d'une réalisation inconditionnelle du monde par actualisation de toutes les données, par transformation de tous nos actes et de tous les événements en information pure – bref: la solution finale, la résolution anticipée du monde par clonage de la réalité et extermination du réel par son double.»

Testimonials* judicieux

Il ne restait plus à notre chef de produit qu'à s'approprier cette unicité pour donner vie à une nouvelle marque. Le produit qu'il avait entre les mains était sans aucun doute excellent, mais le fait de le laisser tel quel, «sans marque» (*unbranded*), n'aurait pas permis de le distinguer des autres. À l'époque, en effet, les sectes animant le judaïsme étaient encore nombreuses, toutes fondées en substance sur la même base doctrinale. Tous les produits tendaient donc à se ressembler.

La grande intuition de Paul fut de comprendre que marque et produit s'interpénètrent. L'unicité du produit dérive de l'unicité de la marque. Et qui plus est, c'est la marque qui joue un rôle fondamental dans la médiation des valeurs auprès du public. Paul pressentit que le fait de donner une identité à un produit signifie faire valoir un droit de propriété sur le produit même, surtout en prévision d'une circulation toujours plus importante relayée par des intermédiaires en nombre croissant. À une exigence initiale de différenciation découlerait aussitôt une qualification du produit[9].

L'action de Paul, donc, consista à mettre en relation un produit apparemment semblable aux autres avec la garantie fournie par son premier *testimonial*, Jésus. Un *testimonial* d'autant plus crédible qu'il se présentait comme faisant partie intégrante du produit, dont il avait démontré l'efficacité au moyen d'une démo (démonstration de produit) absolument réaliste et tangible.

---

* Technique publicitaire consistant à faire vanter les mérites d'un produit par une personne connue ou réputée compétente.

Par ailleurs, comme le confirme la sémiotique appliquée au marketing, le processus de création d'une marque permet d'attribuer à un produit des qualités qui ne lui appartiennent pas intrinsèquement et qui dérivent plutôt de son contexte productif et commercial[10]. Mais pour que ces qualités puissent s'imposer, elles doivent être constantes et répétées de façon régulière sur un laps de temps assez long.

Par la suite, l'unicité devait être garantie par une longue chaîne de *testimonials*: les évangélistes, les pères de l'Église, les papes, les saints, qui se renvoyaient les uns aux autres en se citant mutuellement.

> C'est grâce à cette accumulation lente et régulière que s'établit la réputation d'un producteur. Cette réputation peut alors commencer à fonctionner comme un «crédit de confiance» et projeter dans le futur le potentiel construit dans le passé[11].

Et c'est sur cette confiance (ou bonne foi) que tout se joue. Comme l'ont également démontré les tests comparatifs conduits sur des produits de grande consommation, entre autres le Coca-Cola, la marque joue un rôle fondamental d'identification. Les résultats obtenus indiquent que le Coca-Cola semble carrément avoir un goût différent selon qu'on le sert avec ou sans son conditionnement et son label institutionnel bien visible*.

Ce qui semble donc s'instaurer est un type de «perception textuelle», c'est-à-dire par l'intermédiaire du mot,

---

* La concurrence le savait aussi. En effet les *blind tests* (autrement dit les tests «en aveugle», conduits auprès des consommateurs avec des cannettes sans étiquette) auraient donné les mêmes résultats pour les boissons de leur propre marque.

entraînant la perte totale de la sensibilité propre. C'est ainsi qu'on peut expliquer le «goût différent» que pouvait avoir le symbole de la croix pour la cible déjà fidélisée à la marque, par rapport au goût «répugnant» qu'il pouvait avoir pour les autres.

> [...] un des traits spécifiques de la marque est sa capacité à produire des discours, à leur donner un sens et à le communiquer à ses destinataires. En un mot, la marque peut être définie comme un vecteur de sens, un principe général et abstrait, susceptible d'être décliné de mille façons différentes, selon les objectifs de l'entreprise ou les nécessités du marché[12].

La gestion de chaque signifié ne se fait pas ici en fonction du signifié lui-même mais de ce qu'on définit comme «pérennité du sens de la marque».

L'importance de ce travail de bénédictin, qui procède par accumulations progressives, réside justement dans la gestion de la dialectique de la continuité et du changement, caractéristique de toutes les marques. C'est peut-être précisément au sens de pérennité de l'Église que tentent de s'opposer de façon répétée tous les fondamentalismes modernes, les nouveaux cultes télévisuels et même les groupes extrêmes comme les «Chrétiens pour le clonage de Jésus», groupe qui traduit probablement un malaise diffus vis-à-vis du primat d'unicité de l'Église de Rome, et prêche le retour du Sauveur, au moyen, pourquoi pas, des nouvelles technologies.

> Grâce aux progrès de la science, nous pouvons aujourd'hui prélever des échantillons de l'ADN du saint suaire, et les

utiliser pour cloner le deuxième avènement! C'est fantastique, et ce serait vraiment un blasphème que de s'arrêter maintenant. Mes frères, nous devrions pouvoir cloner un Jésus pour tous ceux qui en ont besoin. Chaque femme qui le désire pourrait concevoir Jésus de façon immaculée. Et vous n'aurez même plus besoin de communiquer avec Dieu par l'intermédiaire de votre pasteur ou prêtre. Si vous avez des questions à poser à Jésus, vous pourrez le faire directement. Ça me paraît déjà le paradis. Je vous exhorte à transmettre la nouvelle de Jésus aussi à vos amis et voisins. Qu'ils ne soient pas jaloux, car ils pourront en avoir un eux aussi. Louanges à Jésus, l'agneau de Dieu. Amen[13].

Une fois que la continuité qui permettra à la marque de poursuivre sa vie a été instaurée, il est impossible de s'y opposer. Inutile de remettre en question Coca-Cola: Coca-Cola existe, un point c'est tout. *Always Coca-Cola.*

Mais afin de réaliser cette continuité, il convient d'en identifier les éléments porteurs, les structures narratives fondamentales pour produire du signifié, lequel, dans la production de nouveaux discours (puisque la marque, de fait, est un vecteur de sens), demeurera solidement ancré dans les éléments de base qui fondent la marque elle-même, et on pourra opérer le miracle du «renouvellement dans la continuité».

Les ré-Écritures saintes

Seul un travail systématique de réécriture a permis de relier le Nouveau Testament à l'Ancien, en créant une continuité entre eux et en établissant la crédibilité du

Nouveau en vertu de sa «miraculeuse» homogénéité avec les Écritures précédentes.

Dès le début du IIe siècle, les chrétiens se mirent en quête de documents capables d'étayer les doctrines de leur nouveau culte. C'est ainsi qu'ils recopièrent, en se les appropriant, les textes hébraïques qui sont le noyau central de l'Ancien Testament. Peu importe le nombre de mains par lesquelles les «ré-Écritures» saintes sont passées: la Genèse qui réécrit la Genèse[14], Jean qui réécrit la Genèse, et tout le Nouveau Testament qui se réécrit lui-même et réécrit l'Ancien Testament; des auteurs anonymes du mythique «recueil Fabricius» (et de Matthieu) jusqu'au proto-Luc, et ainsi de suite jusqu'aux versions plus récentes, le «Livre par excellence» peut apparaître aux profanes comme un amas d'incohérences historiques, si riche en «témoignages» soit-il.

De nos jours, la psychologie sociale ne cesse de mettre en évidence le peu de fiabilité des témoins oculaires. À plus forte raison, de ceux qui n'ont jamais assisté aux faits, comme les évangélistes. Mais, bien que les incohérences contenues dans les Écritures saintes aient déjà été suffisamment commentées[15], l'autorité du texte écrit n'a pas le moins du monde été entamée, parce que, comme l'expliquent les biblistes,

ces constatations ne portent aucun préjudice pour la foi des chrétiens à l'autorité de ces livres inspirés. Si l'Esprit-Saint n'a pas donné à ses interprètes d'atteindre une parfaite uniformité dans le détail, c'est qu'Il n'accordait pas à la précision matérielle d'importance pour la foi. Bien plus, c'est qu'Il voulait cette diversité dans le témoignage.

«Mieux vaut accord tacite que manifeste», a dit Héraclite. Un fait qui nous est attesté par des traditions diverses et même discordantes (que l'on songe aux apparitions [de Jésus] après la résurrection) revêt dans sa substance profonde une richesse et une solidité qu'une attestation parfaitement cohérente, mais ne rendant qu'un son, ne saurait lui donner. Et même quand la diversité des témoignages ne vient pas seulement des accidents inévitables de leur transmission, mais résulte de corrections intentionnelles, ceci encore est un gain. [...] L'Esprit-Saint qui devait inspirer les auteurs évangéliques présidait déjà à tout ce travail d'élaboration préalable et le guidait dans l'épanouissement de la foi, garantissant ses résultats de cette véritable inerrance qui ne repose pas tant sur la matérialité des faits que sur le message spirituel dont ils sont chargés[16].

C'est donc le Saint-Esprit qui se charge de la quadrature du cercle. Le Nouveau Testament prend le pas sur l'Ancien en tant que *nouvelle Torah*. Mais si Jésus lui-même est de fait la nouvelle Torah, alors le Nouveau Testament s'avèrerait être un «corps» étranger à celui du Christ. Le Christ est le seul Dieu que l'art paléochrétien (ou byzantin) ait représenté avec un rouleau écrit à la main, souligne Hans Blumenberg, et par ailleurs «lorsque la signification coïncide avec la chose signifiée, il n'y a plus rien à lire[17]».

Ainsi le livre sacré finit-il par résister au Christ lui-même. En un certain sens, c'est l'Écriture sainte qui «sacrifie» Jésus et lui survit. Dès lors, le sens de la nature et du monde s'estompe face au livre dont l'absolutisme interdit ne fût-ce qu'une utilisation métaphorique.

Si inversement, comme le soutient Maurice Sachot, les Évangiles peuvent être considérés comme «homélie de la personne de Jésus[18]», on peut tout au moins souligner qu'il s'agit d'une homélie écrite, et non dite, et cela aussi permet d'entrevoir à quel point le christianisme a investi d'emblée dans le moyen fort, c'est-à-dire l'écriture, au détriment de l'oralité. En définitive, le patrimoine immense de croyances et de connaissances, auparavant maintenu vivant par l'oralité, fut figé par l'écrit, et ses traductions en rendent l'interprétation et le sens univoques jusqu'à aujourd'hui. Partant, il n'est plus nécessaire de démontrer la discontinuité entre le Christ historique et le Christ théologique[19]. L'Écriture sainte en a acquis et perpétué l'autorité.

Mais ce n'est pas tout. Si depuis Paul on a bâti l'unité entre Ancien et Nouveau Testament, ce qui n'a pas pu être fait par la réécriture l'a été par la relecture. L'interprétation dite «typologique» de l'Ancien Testament* conduisit à ne l'utiliser que comme note en bas de page du Nouveau Testament. Les constants renvois en arrière qui furent vite inclus dans toutes les versions du Nouveau Testament finirent par transformer le texte en premier hypertexte de l'histoire.

Le Verbe, parole de Dieu

Il est impossible de croire que tout découle d'une simple équivoque. L'identification de la parole de Dieu avec Dieu est la conséquence logique du processus de

---

* À partir des temps apostoliques, le catholicisme a voulu voir dans toute la Bible, devenue l'Ancien Testament, des «types», c'est-à-dire des «préfigurations» de ce qui est révélé dans le Nouveau Testament (cf. première Épître aux Corinthiens 10,6-11; Épître aux Hébreux 10,1; première Épître de Pierre 3,21).

valorisation de l'écriture, magistralement orchestré. « Au commencement était le *Verbe*. »

Si, comme l'a observé Jacques Derrida, « il n'y a pas de signe linguistique avant l'écriture [20] » et si, comme a renchéri Walter J. Ong, « il n'y a pas non plus de "signe" linguistique après l'écriture [21] », on pourrait en conclure qu'elle se prête parfaitement à exprimer « l'alpha et l'oméga », voire à s'y substituer carrément. Rien n'est plus apte à être divinisé qu'un signe parlant. Face à cela, les autres divinités perdent leur sens :

> Quand vous étiez païens, vous le savez, vous étiez entraînés irrésistiblement vers les idoles muettes [22].

Les « idoles muettes » n'avaient aucune valeur parce qu'elles n'étaient pas douées de parole, et elles ne communiquaient avec l'humanité que dans la mesure où cette dernière leur impartissait un sens : elles parlaient donc comme l'humanité le désirait. Ce qui prouve qu'il s'agissait de fausses divinités. Il allait suffire de leur opposer une divinité qui était elle-même la Parole. La manière rhétorique dont Paul entend inciter à la conversion établit l'unicité du Dieu chrétien par rapport à la multiplicité des « idoles muettes ».

> Il y a, certes, diversité de dons spirituels, mais c'est le même Esprit ; diversité d'opérations, mais c'est le même Dieu qui opère en tous [23].

Précisément parce qu'il n'y a qu'une seule Parole. Tandis que les chrétiens allaient mettre l'accent exclusivement sur la « sacralité » des écritures, la tradition hébraïque

30

insistait en revanche sur leur caractère non seulement de loi mais aussi de contrat entre la divinité et l'homme. Parallèlement, la tradition orale survivait, avec laquelle les textes écrits maintenaient un lien solide. En définitive, une sorte d'équilibre physiologique s'était établi entre oralité et écriture. Paul rompit cet équilibre en accordant beaucoup plus de poids à l'écriture qu'à l'oralité : sa formule préférée «dit l'Écriture» (*cf.* Épître aux Galates 4,30; Épître aux Romains 9,17) est éloquente et se fonde sur l'autorité que le texte écrit (ou plutôt, le texte sacré écrit) pouvait revêtir à l'époque. De nos jours, en pleine civilisation de l'écriture, nous avons du mal à comprendre comment l'écriture pouvait être vécue à l'époque. Selon Walter J. Ong,

> l'écriture a transformé la conscience humaine plus que toute autre invention. Elle crée ce qui a été défini comme un langage «décontextualisé», ou un discours «autonome», c'est-à-dire un type de discours qui, contrairement au discours oral, ne peut être directement interrogé ou contesté, puisqu'il a été détaché de son auteur.
>
> Les cultures orales connaissent un type de discours autonome fait de formes rituelles fixes, comme dans les vaticinations ou les prophéties; l'énonciateur est considéré comme l'intermédiaire, non la source. L'oracle de Delphes n'était pas responsable de ce qu'il disait, puisque ses réponses étaient perçues comme la voix du dieu. L'écriture, et encore plus l'impression, possèdent un peu de cette faculté oraculaire.
>
> Comme le devin ou le prophète, le livre relaie une énonciation émanant d'une source, représentée par celui qui a effectivement «parlé» ou écrit le livre. L'auteur pourrait être pris à partie s'il était possible de l'atteindre, mais de

fait il ne peut être atteint dans aucun livre. Il n'existe pas de moyens directs de réfuter un texte. Même après une réfutation totale et destructrice, il dit encore exactement les mêmes choses qu'auparavant. C'est un des motifs pour lesquels l'expression «parole d'évangile» a revêtu le sens populaire de «c'est vrai» [24].

Jadis, les messages qui se matérialisaient dans l'esprit de celui qui les lisait à partir des signes gravés sur la pierre emplissaient de stupeur les âmes simples, et les scribes qui opéraient ce prodige étaient vus comme les dépositaires de pouvoirs magiques extraordinaires, car ils étaient à même de «faire parler les pierres». Les tables que Yahvé remit à Moïse étaient, selon toute probabilité, écrites dans l'unique écriture compréhensible pour le patriarche, c'est-à-dire l'écriture hiéroglyphique égyptienne. Il est intéressant à cet égard de rappeler que les Égyptiens nommaient les hiéroglyphes «paroles de Dieu», termes récurrents dans les Écritures saintes.

Mais il est encore plus intéressant que le mot hébreu utilisé pour désigner la Bible, à savoir *miqrah*, ne signifie pas «écriture» mais «discours vivant». L'Ancien Testament était encore tout imprégné du sens de l'oralité*, de la parole dite, transmise de bouche en bouche, dynamique, vivante, radicalement différente de l'immobilité de la parole écrite.

L'oralité, caractérisée par l'emploi bidirectionnel de la parole entre un locuteur et un destinataire, devait cependant faire preuve d'une persistance plus longue qu'il

---

* L'usage juif du *midrash*, ou commentaire de la Torah, témoigne encore de la profondeur des racines orales d'un patrimoine qui ne pouvait certes pas être défini comme uniquement «écrit».

n'eût été possible de le prévoir, demeurant en vogue bien au-delà de l'époque de l'Ancien Testament et de ses transcriptions successives, jusqu'au Moyen Âge tout entier. Le hiatus entre Ancien et Nouveau Testament se produisit au moment où l'on exalta la dimension d'«écriture» de ce dernier. Mais le passage déterminant fut celui de l'écriture à sa cristallisation maximale : le livre.

Peu importe qu'il s'agisse en effet d'un texte ou, comme nous l'avons dit, d'un hypertexte. Un hypertexte est toujours lu, quoi qu'il en soit, de façon linéaire, comme n'importe quel autre texte et, malgré l'apparente liberté de navigation, ne permet aucune interactivité : sa lecture suit les parcours obligés fixés à l'origine par celui qui a compilé le code source.

Avec l'«écriture sainte» naissait un puissant *medium* monodirectionnel et absolutiste, comme l'est aujourd'hui pour nous la télévision. Son interactivité présumée devait être, de fait, entièrement à la charge des croyants qui, en se référant à l'Écriture, croiraient se mettre en relation avec l'incarnation du Verbe. En substance, la perspective qui s'ouvrait revenait à habituer les gens à parler avec le téléviseur et à n'interpréter la réalité qu'en fonction de ce qui se disait à la télévision, en parvenant en outre à faire croire à chacun que la communication de masse provenant du *medium* était une communication personnelle.

Norme écrite et hiérarchie

Vu le potentiel de la parole écrite par rapport à la tradition orale, il fallait absolument que notre Multinationale s'approprie au plus vite le *medium* et le mythifie. À partir de là, toutes les «paroles», en dérivant, leurs interprétations et même leurs interprètes, acquirent aussi un caractère de sacralité, parce que le système des écritures saintes présuppose l'établissement d'une hiérarchie gestionnaire, d'une sorte de bureaucratie d'individus chargés de la manutention du service, de la préservation du Verbe et de ses dérivés. La formation de l'appareil productif au cours des siècles qui suivirent fut une conséquence de la mythification de la parole écrite. Comme l'a souligné Marshall McLuhan,

après Gutenberg, la hiérarchie romaine s'est puissamment structurée avec un organigramme et selon des schémas de spécialisation et de rigidité. Le progrès des communications écrites a rendu possible la croissance d'une énorme bureaucratie romaine, transformant le souverain pontife en une sorte de PDG[25].

McLuhan était un incurable optimiste. En réalité, la «solidification» de cette entreprise est allée de pair avec la solidification de la parole sacrée. Ou plutôt, avec la sacralisation de la parole écrite. Un processus entamé bien avant Gutenberg.

Selon des historiens tels que Pierre Chuvin, la conception de «livre sacré» en référence à la Bible s'est cristallisée dans le milieu chrétien dès le IVe siècle[26]. Auparavant, le culte des livres conçus comme instruments pour interpréter la réalité (les oracles) et leur emploi comme «talismans» étaient communs aux mondes chrétien et païen. La conception romaine du christianisme qui le renvoyait à sa dimension de «loi» favorisa également ce processus de «textualisation»: «La foi consiste dans une règle; elle a sa loi, et son salut, dans l'observation de cette loi[27]». Comme le note Maurice Sachot,

34

d'un certain point de vue, la romanisation du christianisme le rapproche de ses origines, du judaïsme d'où il est issu, en lui redonnant une dimension institutionnelle complète, à la différence, toutefois, que, dans le judaïsme, la proclamation scripturaire ne s'effectue pas dans le cadre d'une doctrine définie et contrôlée par l'autorité institutionnelle[28].

Produit et service

Le fait d'accorder aux Écritures la qualité de «livre sacré» les transformait en instrument de communication. Dès les premiers siècles, l'Église apprit que celle-ci peut non seulement créer l'image d'une entreprise, mais aussi qu'elle finit par structurer l'entreprise elle-même. Et elle exerça d'emblée son action tant sur le plan du produit que sur celui du service, alors que seules les théories les plus récentes des experts en marketing ont pu établir que ces deux aspects stratégiques ne sont jamais disjoints. Et même, il a fallu attendre les «mythiques» années 80 pour que l'on «découvre» cinq conditions générales qui étendent le concept de marketing à n'importe quelle transaction ou échange de valeurs, conditions que l'Église applique en fait depuis toujours:

1. deux parties au moins sont en présence;
2. chaque partie possède quelque chose qui peut avoir de la valeur pour l'autre;
3. chaque partie est susceptible de communiquer et de livrer ce qui est échangé;
4. chaque partie est libre d'accepter ou de rejeter l'offre de l'autre;

5. chacune d'elles considère l'échange comme une solution adaptée à son problème[29].

Il y a donc l'Église et les fidèles (1).

L'Église est la gardienne de la Parole, les fidèles possèdent la foi qui peut impartir du sens à la Parole (2).

Les deux parties communiquent et toutes deux sont en mesure de mettre à disposition de l'autre la valeur dont elles disposent (3).

Toutes deux agissent sur la base du libre-arbitre (4).

Pour l'Église, il est d'une importance vitale de traiter avec les fidèles et vice-versa (5).

Cette formule peut être étendue aussi au marketing des organisations à but non lucratif (*non-profit marketing*) et partant, on en a déduit erronément que l'Église était une organisation à but non lucratif[30]. En réalité, si l'on considère les capitaux brassés par les banques leur appartenant en propre, la participation à des opérations financières internationales, le contrôle ou la gestion des opérations de récolte des fonds pour les populations pauvres, le patrimoine immobilier et, récemment, les campagnes publicitaires commissionnées par la Conférence épiscopale italienne (CEI), il est évident que nous avons affaire à une puissante entreprise multinationale *marketing oriented*. Et même, la plus grosse entreprise, capable de conditionner le marché dans n'importe quel pays du monde.

Comment les experts en marketing d'aujourd'hui peuvent-ils s'imaginer avoir inventé quelque chose ? En analysant les critères de différenciation compétitive du produit et du service fournis par le père du marketing, Philip Kotler[31], on peut en déduire que les principes utilisés par les managers actuels étaient déjà en place dès le Ier siècle.

Produit

Le noyau sur lequel repose toute l'activité centrale (*core business*) de la Multinationale est la Parole et ses dérivés (comme le « salut », par exemple).

- *Caractéristiques.* Le produit a des caractéristiques uniques parce qu'il est l'expression unique du Dieu unique. Lorsque ce n'est pas démontrable, il suffit de renforcer d'une façon ou d'une autre le dogme de l'unicité.
- *Prestations.* Bien entendu il s'agit de prestations absolues. S'il est possible de parler d'« efficacité », comme nous le verrons plus loin, il s'agit toujours d'une efficacité fondée sur les mots et sur la valeur particulière qu'on leur attribue.
- *Conformité.* La conformité aux standards est une question absolument oiseuse, surtout si l'on considère que c'est la marque elle-même qui établit en premier lieu ces standards.
- *Durée.* Le produit (et ses dérivés tel le salut) est éternel. En ce sens, l'Église peut s'estimer étrangère à toutes les problématiques dans lesquelles se débat le marketing moderne par rapport au « cycle de vie du produit ».
- *Réparabilité.* On peut toujours récupérer le salut, même s'il est fortement compromis par le péché.
- *Style.* Il fait autorité. Ça va sans dire.

Service

L'Église a donc mis en œuvre un concept de service complet autour du produit, en instaurant avant tout le monde les activités aujourd'hui qualifiées d'« avant-vente » et d'« après-vente ». Le service consiste à interpréter le produit en fonction du public et constitue une exclusivité de la marque.

- *Compétence.* L'autorité dont l'Église s'est investie à partir de Pierre comprend également l'infaillibilité du pape, construite, une fois de plus, sur la parole écrite*.
- *Courtoisie.* Les employés de la Multinationale sont depuis toujours tenus de donner l'exemple en observant un code de comportement le plus proche que possible de l'idéal de bonté des Écritures saintes. Ce qui assoit davantage leur crédibilité.
- *Crédibilité.* La crédibilité dérive du lien direct de délégation entre Dieu et le ministère : « La charge d'interpréter authentiquement la parole de Dieu écrite ou transmise a été confiée au seul magistère vivant de l'Église, dont l'autorité s'exerce au nom de Jésus-Christ [32]. » Comment serait-il possible de ne pas y croire lorsque la foi entre en jeu ?
- *Fiabilité.* La fiabilité du service va de pair avec l'efficacité du produit.
- *Promptitude.* La rémission des péchés, la purification, et autres effets du service que la marque fournit par le biais de ses ministres, sont en général immédiats.
- *Communication.* Comme le soutiennent Pierre Eiglier et Éric Langeard, tout est communication dans une entreprise de services [33]. En effet, toutes les activités de l'Église sont « communication » de la Parole divine.

---

* Nous nous référons ici à ce qu'on nomme l'«Édit de Constantin» (313), un document lourdement remanié par le pape Étienne II, que peu de personnes eurent la chance de voir, et sur lequel de nombreux souverains pontifes à partir de Léon IX assirent leur indiscutable autorité. Lorsqu'il apparut désormais évident aux exégètes que ce texte était privé de tout fondement, l'infaillibilité papale fut sanctionnée officiellement par Pie IX dans la constitution *Pastor Aeternus*, lors du Concile Vatican I (1870). À quoi s'ajoutera l'infaillibilité des évêques, sanctionnée par le concile Vatican II (1962). (*Cf.* Pepe Rodriguez, *Mentiras fundamentales de la Iglesia Católica*, Ediciones B, Barcelone, 1997.)

Critères de qualité totale

Une fois que tout le plan marketing a été bâti autour du produit, il est essentiel d'en démontrer la qualité, en fixant des standards, et l'efficacité, en s'appuyant sur des preuves de performance. Pour ce qui est du contrôle de la qualité, l'Église a institué à partir du premier concile de Nicée (325) une réunion périodique de tout le management pour faire le point et revoir les directives à suivre. L'histoire des conciles, si contradictoire soit-elle, s'inscrit sous le signe d'une recherche inépuisable de l'excellence, excellence qui a précédé de plusieurs siècles l'invention de la «qualité totale». Comme si les normes ISO (Organisation internationale de Normalisation) sur la qualité totale étaient sans arrêt réécrites selon les critères établis par une commission garantissant les normes ISO.

En revanche, en ce qui concerne l'efficacité, avant d'écrire sur l'emballage que le produit fait des miracles, il faut que ces miracles se produisent réellement. Comme nous l'avons vu, le passage ultime de l'écriture au «livre» (en ce cas au «livre sacré») a favorisé un bouleversement des habitudes cognitives de la cible. Les livres sont vus comme grilles d'interprétation du monde, et finalement le monde est vu à travers la textualité. La mutation implique l'habitude de croire à ce qui est écrit et non à ce qu'on peut démontrer directement et, lorsqu'il est impossible de mieux comprendre ce qui est écrit, à croire «sur parole» l'interprétation fournie par le personnel chargé de la gestion de la Parole. Il est donc parfaitement logique, si le produit est la Parole, que sa performance et les démonstrations de son efficacité se fondent aussi sur les mots.

En ce sens, même les miracles, c'est-à-dire les «faits» allégués comme preuves d'efficacité, pourraient être vus comme une sorte d'hallucination textuelle, une ivresse due à un excès de paroles. C'est comme si les attentes des fidèles, qui ne fondent leurs représentations que sur ce dont ils ont fait l'expérience à travers le texte écrit, étaient exaucées. Ce mécanisme prend sa source dans une phase précédant la religion, celle de la magie. Henri Hubert et Marcel Mauss avaient compris que la magie est constituée en grande partie de désirs [34]. Mais nous nous trouvons maintenant dans une phase plus «technologique» par rapport à la magie. Tout ce qu'on peut imaginer passe par la médiation de l'Écriture sainte. La matière des miracles n'est en rien étrangère à l'univers sémantique des textes sacrés, il s'agit même d'un tout strictement homogène.

Si indigestes que les dogmes puissent paraître, jamais un Alka-Seltzer ne pourrait se matérialiser à la place de l'hostie consacrée*. À la rigueur, cette dernière pourrait se métamorphoser en un morceau de cœur sanguinolent, comme ce fut le cas lors du premier miracle eucharistique de l'histoire, qui se produisit à Lanciano au VIIIe siècle. Comme le rapportent des documents écrits quelque huit

---

* Allusion à la blague selon laquelle un ivrogne entre dans une église tandis que le prêtre boit le vin du calice. L'ivrogne l'interrompt pour demander à boire. Malgré le refus sec du prêtre, il insiste jusqu'à ce que ce dernier lève la main pour consacrer l'hostie. L'ivrogne l'implore encore, et au énième refus agacé, s'exclame: «Merde à toi et à ton Alka-Seltzer!» L'historiette reprend le problème de la lecture textuelle de la réalité à travers des codes différents. De fait, le chrétien et l'ivrogne interprètent l'objet réel (le cachet) en utilisant des grilles de lecture différentes, et finissent par voir des objets différents.

cents ans après l'événement prodigieux, un moine basilien qui célébrait la messe en rite latin, après la consécration, se mit à douter de la présence réelle du Christ sous les saintes espèces. C'est alors que, sous les yeux de ce prêtre, l'hostie se changea en un morceau de chair et le vin consacré en du sang réel qui se coagula en cinq caillots irréguliers de formes et de grosseurs différentes[35]. Ce fait est demeuré incontesté à travers les siècles parce que, comme le commentent les franciscains de Lanciano, « une tradition constante garda le souvenir du prodige, et surtout les reliques en furent conservées ».

Le fait est que le souvenir devient écriture, et donc réalité. Tel est le vrai miracle. La preuve « physique » fut par la suite passée au microscope pour confirmer scientifiquement, comme s'il en était besoin, qu'il s'était vraiment agi d'un miracle. En novembre 1970, la science fut chargée d'analyser des échantillons des reliques sacrées, et la science confirma que la « chair miraculeuse » était de la chair véritable, en l'occurrence le tissu musculaire strié du myocarde, que le « sang miraculeux » était du sang véritable, que les protéines qu'il contenait étaient normalement réparties dans un pourcentage identique à celui du schéma séro-protéique du sang frais normal, et qu'il ne présentait pas de trace de substances conservatrices utilisées aux fins de momification*. Personne ne se préoc-

---

* L'analyse fut effectuée par le docteur Edoardo Linoli, chef de service de l'hôpital d'Arezzo et professeur d'anatomie, d'histologie, de chimie et de microscopie clinique, assisté du professeur Ruggero Bertelli de l'université de Sienne. (*Cf. Quaderni Sclavo in Diagnostica,* fasc. 3, Grafiche Meini, Sienne, 1971.) En 1973, le Conseil supérieur de l'OMS nomma une commission scientifique pour vérifier les conclusions du médecin italien. Les travaux durèrent quinze mois pour un total de cinq cents examens et confirmèrent ce qui avait déjà été déclaré et publié en Italie.

41

cupa d'enquêter, plutôt, sur la façon dont cette chair et ce sang avaient bien pu arriver jusqu'à l'autel.

La démarche consistant à démontrer *a posteriori* tous les faits de foi est toujours la même : d'abord l'événement sacré « se produit », puis on se sert de la science (ou d'une théorie scientifique choisie *ad hoc*) comme d'un témoin neutre qui prend acte et nous confirme que cette réalité est bien « réelle ». Le besoin irrépressible de démontrer les faits de foi au moyen d'un critère objectif ne procède pas d'une fragilité présumée de la foi, mais bien plutôt des limites d'une lecture du monde filtrée par l'« Écriture sainte ».

Mais allons au cœur du problème. Dans la nuit chaude d'un samedi d'août de l'année 1308, quatre petites nonnes ingénues du couvent de Montefalco, armées d'un rasoir, ouvrirent de leurs mains tremblantes la dépouille de l'abbesse Claire, sans posséder la moindre notion d'anatomie mais animées par une foi indestructible et surtout par la curiosité de vérifier la signification des mots prononcés par l'abbesse alors qu'elle était encore en vie (« J'ai Jésus-Christ crucifié dans mon cœur »). Une fois le cœur extrait et mis de côté, elles s'apprêtèrent à exécuter le jour suivant une sorte d'autopsie théologique. Voici la chronique d'un miracle annoncé :

Dimanche soir donc, dans ce but, sœur Lucia, sœur Margarita, sœur Caterina et sœur Francesca s'en allèrent dans la salle où se trouvait le cœur, enfermé dans un coffre. Et, l'ayant pris, elles s'agenouillèrent toutes, et sœur Francesca, qui devait l'ouvrir, prononça avec une grande humilité ces paroles : « Seigneur, je crois que dans ce cœur se trouve votre Sainte Croix bien que je

42

pense que mes péchés me rendent indigne de pouvoir la trouver.» Cela dit, tenant le cœur d'une main, et de l'autre le rasoir, elle ne savait où couper, le cœur étant tout enrobé de graisse conformément à la qualité du corps.

Se décidant enfin, elle commença à couper à partir de la partie supérieure, là où le cœur est plus large, et continua jusqu'à l'extrémité. Le cœur s'ouvrit facilement d'un seul coup de rasoir [...] et avec un émerveillement extrême, elles virent la forme de la croix, formée de chair, qui était placée à l'intérieur d'une cavité du cœur, faite selon la forme de cette croix. À cette vue sœur Margarita commença à crier «miracle, miracle»[36].

De même, un nerf extrait de cet organe fut identifié comme la réplique en miniature du fouet, à savoir «du fléau par lequel le Christ à la colonne fut frappé». L'hallucination collective s'étendit bien vite aussi à l'évêque Berengario Donadei, pourtant sceptique, et à la commission de théologiens, juges, médecins et religieux qui accoururent avec lui quelques jours plus tard. Le haut prélat, méprisant, se fit apporter le cœur de l'abbesse et poursuivit tout seul l'opération en retirant, devant une assemblée naturellement prédisposée à voir ces phénomènes, d'autres morceaux qui furent identifiés sans équivoque comme signes de la passion de Jésus: la colonne, la couronne d'épines, trois clous, la lance, la perche avec l'éponge, et ainsi de suite. À la fin, l'évêque dut lui aussi se rendre à l'évidence.

Cycle de production et élimination des déchets

Des signes miraculeux de la passion du Christ dans le cœur de Claire de Montefalco jusqu'aux stigmates de Padre Pio*, il y a un renvoi continuel à l'iconographie et aux textes sacrés que l'imaginaire collectif interprète presque littéralement. Bien que l'Église se dresse aujourd'hui contre les interprétations littérales des Écritures saintes**, elle le fait en souplesse, car elle sait qu'elle est parvenue, depuis des siècles, à doter définitivement le public d'une modalité de lecture textuelle du monde. Le problème, c'est que cette modalité s'est par la suite étendue à notre mode de vie tout entier.

Depuis que les Écritures ont indiqué la bonne manière de tirer profit du produit («Heureux ceux qui n'ont pas vu et qui ont cru», Évangile selon Jean 20,29), l'Occident chrétien a célébré la primauté de l'esprit sur le corps, en créant une profonde fracture dont les conséquences se font encore sentir actuellement. On dirait carrément que la Parole sacrée est parvenue à produire cette grande mutation qu'est la séparation du corps et de l'esprit, muta-

---

* Padre Pio (1887-1968), moine capucin objet d'un véritable culte populaire en Italie, déjà de son vivant. Sujet à des transes mystiques, visité par des rêves prémonitoires, doué dit-on d'ubiquité, et surtout porteur des stigmates du Christ, il déplaça les foules, fut béatifié en 1999 et canonisé en 2002 par Jean-Paul II. *(N. d. T.)*

** En mars 1997, la Commission biblique pontificale a publié un document de cent vingt-cinq pages qui constate avec préoccupation que l'interprétation fondamentaliste de la Bible s'affirme toujours plus et qu'un nombre toujours croissant de croyants, surtout en Amérique Latine, a délaissé l'Église pour les nouvelles sectes fondamentalistes, dont l'approche est dangereuse «parce qu'elle peut attirer des personnes cherchant dans la Bible des réponses faciles aux problèmes de la vie», en admettant enfin que l'intégrisme «invite les gens à une sorte de suicide intellectuel».

tion qui, bien qu'elle ait été introduite artificiellement, nous place de fait dans une condition d'imperfection identique à celle du péché originel, dont Jésus (justement) pourrait nous affranchir.

Il suffit de faire croire à la cible qu'elle a besoin du produit et, comme par miracle, le cycle de la consommation est lancé. Mais si aucun écologiste ne s'est encore plaint des scories cognitives et de la pollution causée par ce cycle de production de la Multinationale, tout laisse à penser que ce qui a vu le jour est un modèle productif idéal dans lequel le produit est géré, interprété, consommé, évoqué, toujours à travers soi-même, c'est-à-dire toujours à travers la parole.

Les déchets de ce processus seront enterrés ailleurs, à notre insu. Pour leur élimination, on créera de nouveaux lieux de travail et de nouvelles professions très enviées, comme celle qui nécessite simplement de rester assis et de feindre d'écouter les mots de personnes qui se croient accablées par d'autres mots, tout en se faisant payer rubis sur l'ongle. On passe d'un type de confession absolument gratuite à une autre, payante cette fois, et le mal disparaît. Si ce n'est pas un miracle de la foi, c'est assurément un miracle économique.

2

La politique de prix comme facteur stratégique

Combien coûte le produit?
Il est gratuit.

3

Merchandising et fidélisation du client

Venons-en au point (de vente)

Tandis qu'on assiste à la dématérialisation progressive du point de vente (nommé *POP* en anglais, ou *point of purchase*) du fait de l'irruption de la réalité virtuelle et des médias interactifs permettant d'acheter sans sortir de chez soi, la vieille discipline du merchandising perdure, appliquée à une marchandise depuis toujours immatérielle. Cela pourrait sembler paradoxal, et cependant les lois immuables du merchandising sont confirmées, du moins en apparence, là où disposer stratégiquement la marchandise pour amener le client potentiel à l'achat n'a jamais été nécessaire – d'autant que la marchandise a toujours été gratuite.

Quel besoin notre Multinationale a-t-elle de construire toujours de nouveaux points de vente, alors que l'Évangile selon Jean affirme lui-même que les chrétiens n'ont pas de temple (Évangile selon Jean 4; Apocalypse 21,22)? La réponse tient au fait que les chrétiens sont une communauté composée de personnes physiques (*ekklesía*) qui ont besoin de se réunir: il faut donc construire des lieux de rencontre, mais sans les considérer comme «sacrés». Ce

49

n'est en effet nullement nécessaire: l'Église a été la première à avoir l'intuition que le point de vente n'exerce pas seulement la fonction de dernier engrenage dans la filière de la distribution, mais qu'il est aussi un facteur d'agrégation et donc de fidélisation.

> Le lieu dans lequel la communauté chrétienne se rassemble pour écouter la Parole de Dieu, pour faire monter vers Lui des prières d'intercession et de louanges et surtout pour célébrer les saints mystères, est l'image spécifique de l'Église, temple de Dieu, bâtie avec des pierres vivantes. Ainsi l'édifice de culte chrétien correspond à la conception que l'Église, peuple de Dieu, a de soi dans le temps: ses formes concrètes, qui varient selon l'époque, sont une image relative de cette conception.
> Par conséquent, le projet et la construction d'une nouvelle église nécessitent avant tout que la communauté locale s'efforce de mettre en œuvre le projet ecclésiologique et liturgique formulé par le concile Vatican II qui, en synthèse, exprime deux convictions:
> • l'Église est mystère de communion et peuple de Dieu en pèlerinage vers la Jérusalem céleste […];
> • la liturgie est l'action salvatrice de Jésus-Christ, célébrée dans l'esprit par l'assemblée ecclésiale […], en recourant à l'efficacité de signes sensibles [1].

Habituer la clientèle à fréquenter régulièrement un point de vente reste souvent un vœu pieux pour les stratèges du marketing. On ne parvient pas toujours à créer un lien émotionnel entre le lieu et ses usagers. Une fois l'achat effectué, la plupart des personnes s'estiment satisfaites et ne jugent plus nécessaire de revenir de sitôt sur les lieux.

La plus grande multinationale de l'histoire, en revanche, a réussi à mettre en place ce lien en élaborant une promesse majeure (*main promise**) analogue à celles qu'on utilise dans la publicité de produit, mais en référence au lieu. L'église en tant qu'édifice est l'image de l'Église au sens de peuple de Dieu. Par conséquent, avant même de consommer le produit, on peut en retirer un bénéfice simplement en se rendant sur le point de vente.

Le passage suivant formule plus précisément cette intention :

L'image historique salvatrice du «peuple de Dieu» exprime la réalité de l'Église, dans sa profondeur mystérieuse et sacramentelle, réalité qui se manifeste de façon particulière dans l'assemblée liturgique, sujet de la célébration chrétienne. En effet Jésus-Christ, Verbe incarné, sacrement du Père, dispense par le biais de l'Esprit sa médiation salvatrice au peuple prophétique, sacerdotal et royal, dont la raison d'être est l'annonce, la louange, le service.

C'est pourquoi l'espace liturgique, tant durant la célébration qu'en dehors de celle-ci, interprète de façon spécifique et exprime symboliquement la voie du salut de l'homme, en devenant prophétie visible de l'univers affranchi, qui n'est plus soumis à la «servitude de la corruption» (*cf.* Épître aux Romains 8, 19-21), mais qui ramène à la beauté et à l'intégrité [2].

Le point de vente devient donc un lieu de communication, dans lequel il est nécessaire de revenir. De nos jours, les experts en merchandising affirment que la conception

---

* C'est-à-dire le bénéfice offert au consommateur.

ne serait-ce que d'une simple vitrine doit se fonder sur un programme de communication et de « narration », c'est à cette condition qu'elle peut devenir un formidable vecteur persuasif et publicitaire.

Il est facile de deviner l'importance que le management de notre Multinationale accorde aux critères de construction d'une église. En examinant de près les principes fondamentaux du merchandising, nous découvrirons que tout ce qu'enseignent de nos jours ses grands prêtres a toujours été évident pour l'Église.

Le choix du lieu

Avant tout, le processus de création d'un point de vente est nécessairement lié à ce que sera sa politique commerciale. Il faut tenir compte de divers facteurs qui concourront à la réalisation fonctionnelle du projet. Une fois identifiée la zone « d'attraction » et tracées les lignes isochroniques établissant la facilité d'accès, on peut construire l'église.

La réalisation d'un point de vente n'est pas seulement architecturale, elle s'appuie aussi sur une analyse approfondie du territoire et de la population.

On ne peut concevoir l'église uniquement comme ouvrage de maçonnerie. Il faut avant tout prendre en considération les sujets pour lesquels elle sera construite et le Sujet divin auquel elle renvoie. Ce qui revient à identifier un groupe humain disposant d'une autonomie « territoriale », prendre en charge ses attentes, répondre à ses besoins, et accompagner la croissance de sa foi[3].

Une bonne insertion du projet dans le tissu urbain favorise son acceptation par le public.

Le rapport entre l'église et le quartier a une valeur qualifiante par rapport à un contexte urbain souvent anonyme, qui acquiert une physionomie (et souvent aussi une dénomination) par le biais de cette présence capable d'orienter et d'organiser les espaces environnants, et d'être le signe de l'instance divine parmi les hommes. Ce qui signifie que le complexe paroissial doit être mis en relation et entrer en dialogue avec le reste du territoire, et qu'il doit même l'enrichir [4].

Un autre aspect incontournable de cette stratégie est la nécessité de relier par un lien fort d'identité point de vente et marque. Sinon, à quoi rimerait l'exposition quasi obsessionnelle d'une «charte graphique» dans les chaînes de supermarchés modernes? C'est un principe crucial auquel il faut se référer tant à l'intérieur qu'à l'extérieur du point de vente.

La construction d'une nouvelle église pour une paroisse présuppose et évoque la présence d'une «église principale». C'est la communauté diocésaine qui, sous la conduite de l'évêque, berger et maître, avec ses ministres, au moyen de ses structures, s'incarne dans la réalité locale pour y créer un espace d'accueil, où la foi suscitée par l'annonce trouve son sceau sacramentel, où la communauté trouve une identité ecclésiale plus précise et une ouverture consciente à la mission. Il en dérive un profond lien spirituel entre l'édifice paroissial de culte et la cathédrale, siège du ministère épiscopal et signe d'unité du diocèse [5].

53

La disposition du point de vente s'articule autour des couloirs de circulation, de l'emplacement et de l'installation des rayons. La logique du merchandising repose sur la sublimation du produit à travers la recherche du meilleur environnement.

C'est ainsi qu'on façonne l'ambiance du lieu, avec la somme des merchandisings de chaque produit singulier. Les parcours ou « couloirs » sont pensés en fonction de la circulation des clients à l'intérieur du point de vente. Il existe donc, outre les couloirs normaux, des couloirs principaux permettant à la clientèle d'atteindre les secteurs les plus importants sans perte de temps. À ceux-là peuvent s'ajouter des « couloirs virtuels » susceptibles d'être activés ou désactivés lors d'occasions spéciales. C'est le cas du chemin de croix à l'intérieur d'une église, avec ses « stations » qui ne correspondent pas toujours aux autels principaux et secondaires mais suivent un parcours indépendant au service de cette technique spécifique d'« animation sur le lieu de vente ».

L'intérieur d'une église offre divers « foyers liturgiques » ou autels, correspondant chacun à une offre ou une interprétation différentes du produit. Le merchandising se borne encore à appliquer de façon scientifique des règles établies depuis la nuit des temps et utilisées dans les marchés en plein air. Les fidèles peuvent ainsi s'approcher d'un autel pour en évaluer l'offre et réagir par rapport à celle-ci. Vu que chaque autel peut être dédié à un saint différent ou à un aspect spécifique de la divinité, l'offre (et ses avantages) est différenciée, comme c'est actuellement le cas dans les supermarchés. Il existe même des églises dédiées à un seul saint ou à un aspect particulier de la divinité, et en ce cas elles s'assimilent à des points de vente spécialisés.

La différenciation de l'offre comporte implicitement un critère de consommation à la base du rite. Du reste, le merchandising a également pour but de simplifier le choix chez les consommateurs en dirigeant les flux à l'intérieur du point de vente. Il est évident que ceux qui n'ont pas le temps d'assister à toutes les fonctions liturgiques principales mais qui ont besoin d'obtenir un bénéfice immédiat pour un problème particulier peuvent faire halte dans un des foyers liturgiques secondaires où ils trouveront une offre adaptée à leurs besoins. Par exemple, un autel mineur consacré à la Vierge des Douleurs peut constituer un point de passage obligé pour tous ceux qui cherchent un réconfort zux maux personnels ou familiaux, tandis que de l'autre côté de l'église certains fidèles affectés d'une forte myopie se rassemblent devant l'autel de sainte Lucie pour solliciter son aide.

À ce propos, citons les résultats tout à fait intéressants d'un récent sondage effectué en Italie concernant la prédilection de ceux qui prient pour tel ou tel saint ou bienheureux : dans le hit parade, Dieu vient en tête avec un taux de 35,5 % de satisfaction ; puis on trouve la Vierge Marie avec 14,4 % ; suivent saint Antoine de Padoue avec 12,5 % et Jésus-Christ avec seulement 9,5 % ; sainte Rita de Cascia se défend bien avec ses 8,7 %, tandis que Padre Pio ne recueille encore que 3,8 % des suffrages, saint Janvier seulement 2,5 % et saint François d'Assise 2,3 % ; Jean XXIII vient en dernière position avec 1 % [6].

En général, l'un des points les plus délicats de la conception du projet concerne l'emplacement des caisses par rapport à l'entrée. La règle la plus suivie veut que cette dernière se situe sur la droite. D'ordinaire, les troncs se trouvent souvent près de l'entrée des églises, mais de façon à n'être remarqués qu'au moment de la sortie, précisément pour ne pas donner l'impression d'une commercialisation excessive du rite (pour la même raison, en alternative, un commis passe pour faire la quête). Il existe également des troncs à côté des autels secondaires, ainsi que des distributeurs offrant en hommage, pour chaque don, une bougie à dédier au saint spécifique, en activant le mécanisme suivant :

$$\text{offre} \mapsto \text{bougie} \mapsto \text{bénéfice}$$

Tout laisse entendre que, si l'on peut obtenir une bougie plus grande en échange d'un don plus substantiel, le bénéfice qu'on obtiendra du saint sera également plus grand, plus rapide et plus efficace. Au fil des siècles, cet instrument de promotion sur le lieu de vente s'est avéré un excellent moyen de fidéliser le client et d'assurer un flux constant.

Si l'on parle ici d'avantages pour le consommateur (*benefit*), il faut bien reconnaître que Paul de Tarse fut encore une fois le premier à utiliser, sans aucun scrupule, un langage commercial, allant même jusqu'à introduire les termes «gains» et «gagner» par opposition à «perte» et «perdre» (*cf.* Épître aux Philippiens 1,21; 3,7-8; première Épître aux Corinthiens 3,15; 9,19-22; deuxième Épître aux Corinthiens 7,9).

C'est sur cette base qu'est né un rapport mercantile sain entre la marque et son public, fondé sur l'échange d'avantages : notre Multinationale aurait-elle un public aussi vaste si elle ne promettait pas le salut éternel, la rédemption des péchés, la renaissance au paradis? Sans doute que non.

Gadgets en tout genre

Sur le point de vente, on utilise une pléthore de moyens promotionnels bas de gamme, adaptés au public le plus large, telle la distribution de prospectus et de gadgets. Une des principales différences entre le judaïsme des débuts et son industrialisation et transformation, sous l'action du légendaire chef de produit Paul de Tarse, est l'utilisation massive et croissante d'icônes et de gadgets au cours des siècles pour favoriser le processus de fidélisation des clients. Comme le soutient A. N. Wilson,

> l'esprit fertile de Paul mit le Christ à la disposition des chrétiens, par l'intermédiaire d'une série de gestes et de symboles à la fois rituels et pleins d'imagination. Le «Christ» devint cette source de nourriture spirituelle que tous les croyants recherchent. Il est, ou était, la roche dans le désert d'où jaillit l'eau pour nourrir les fils d'Israël qui suivaient Moïse. En d'autres termes, le Christ est la présence de Dieu dans le monde, et pas seulement la figure historique de Jésus. Il est une force, une présence à l'intérieur du croyant. Il est, encore une fois, un sacrement[7].

À partir de cette vision et de ce patrimoine iconographique, l'usage des images sacrées s'est développé. Les gravures sur bois représentant le Christ, la Vierge, et certains des saints les plus vénérés avaient déjà envahi différents pays européens bien longtemps avant l'invention de l'imprimerie à caractères mobiles. Ces images peu coûteuses étaient accrochées dans les maisons ou les étables dans un but dévotionnel ou propitiatoire.

Avec la production de livres imprimés, on assiste à la distribution à grande échelle d'images religieuses de petit format (appelées images pieuses) produites pour illustrer les livres sacrés ou être vendues individuellement. Dès le XVIIe siècle, ces gadgets divulgués par les Jésuites comme puissant vecteur de catéchèse se sont multipliés. À partir de la fin du XVIIIe siècle, l'image pieuse revêt progressivement différentes fonctions (récompense, annonce, vœu, souvenir) qui contribuent encore davantage à sa diffusion[8]. De plus, le fait de glisser ce gadget entre les pages d'un livre comme marque-pages en fait une extension du livre sacré.

La bimbeloterie sacrée vit encore aujourd'hui des saisons de grande consommation lors des célébrations traditionnelles, des béatifications et canonisations, des fêtes locales, et de toutes les occasions permettant de glisser dans les mains des fidèles un objet qui est le simulacre d'un autre objet sacré et qui contribue à sa mythification.

La position de la «maison mère» vis-à-vis de l'utilisation de ces objets est d'ailleurs révélatrice: le cardinal Angelo Sodano, secrétaire d'État du Saint-Siège, l'a exprimée récemment, à propos de l'énorme mouvement commercial qui s'est développé autour de Padre Pio* et de son image.

Cela est inévitable: nous ne pouvons pas aller contre la nature humaine. Nous aimons porter sur nous la photographie de notre papa et de notre maman, de nos frères et

_____

* *Cf.* note page 44.

sœurs, des personnes chères. Nous aussi, nous sommes attachés à certains souvenirs de famille, et il est donc logique que notre peuple chrétien aime ces choses extérieures. Nous ne devons pas être rationalistes. L'Église n'est pas faite de purs esprits. L'Église est faite d'hommes.

La réponse du cardinal à la question de savoir si l'Église doit également surveiller ces aspects (vu que l'idolâtrie est depuis toujours considérée comme une pratique contraire à la foi) est un chef-d'œuvre d'habileté argumentative :

> Bien sûr. Toute la prédication de l'Évangile s'oppose à l'extériorité. Mais nous ne devons pas non plus tomber dans l'extrême inverse : pour éviter de verser dans un fossé, nous ne devons pas pousser la voiture dans le fossé opposé[9].

Ce type de propos montre clairement qu'à chaque instant l'Église met en œuvre une stratégie de marketing «global», en se situant toujours au centre des extrêmes du marché et en les contrôlant. Les reliques historiques exposées sur le lieu de vente pour l'enrichir sont cependant plus importantes que les gadgets, même si leur utilisation inconsidérée peut semer la confusion parmi la clientèle. Il existe des chaînes internationales de reliques, tel le *Hard Rock Café*, où il est possible de prendre une consommation entouré d'objets appartenant aux différentes périodes du rock, comme la première guitare de Bo Diddley, la Gibson Les Paul portant l'autographe de Jimmy Page ou le corset très vénéré de Madonna. Mais lorsque l'exposition de ces reliques est exagérée, leur «aura mystique» risque de subir une déflation et perdre en crédibilité. Il convient donc de faire un usage très prudent de ces fétiches, sans trop les exhiber, et surtout en garantissant leur originalité.

On gardera l'usage d'inclure dans l'autel à consacrer, ou de déposer sous l'autel des reliques de saints, même non martyrs, si on le juge opportun. On veillera cependant à vérifier l'authenticité de ces reliques [10].

Et pourtant l'utilisation de reliques, comme par exemple le «crâne de saint Pierre» vénéré pendant des siècles à Rome tout comme le «crâne de saint Paul» dans la basilique du Latran, ne trompe personne, pas même les spécialistes catholiques pour lesquels, en général,

il s'agit de «reliques» appartenant au bataillon très fourni des objets médiévaux exposés à la dévotion des fidèles; des objets respectables en raison des pensées salutaires et des actions vertueuses qu'ils ont inspirées, mais – disons-le tout de même – décidément faux [11].

De tels aveux de la part de personnes autorisées sont significatifs. Il existe donc dans le milieu catholique une conscience généralisée de la valeur des reliques et de leur fonction: ce sont des objets utiles pour attirer la clientèle sur le lieu de vente, comme peuvent l'être aujourd'hui les reproductions d'objets d'art dans les vitrines des magasins, ou bien les expositions de tableaux d'artistes authentiques au dernier étage des grands magasins. Peu importe que ces objets soient vrais ou faux, pourvu qu'on attire le public. Un exemple en est la persistance obstinée à travers les siècles du culte du saint suaire, culte favorisé par l'Église bien que d'innombrables preuves scientifiques aient démontré l'impossibilité de relier cette relique à la figure historique du Christ.

L'animation sur le lieu de vente

Venons-en au rite, à la cérémonie réunissant les consommateurs dans le lieu sacré pour y célébrer fraternellement le sacrifice de Jésus, lieu réalisé en fonction de la hiérarchisation des participants, comme pour une sorte de jeu de rôles.

Dans l'assemblée qui se réunit pour la messe, chacun a le droit et le devoir d'apporter sa participation de façon variée selon la diversité des ordres et des fonctions. C'est pourquoi tous, ministres ou fidèles, en accomplissant leur fonction, font tout ce qui leur revient, et cela seulement, de telle sorte que, par l'organisation même de la célébration, l'Église apparaisse telle qu'elle est constituée dans ses ordres et ses ministères divers[12].

Le *testimonial** intervient dans le jeu de rôles, trouvaille qui n'a été utilisée par aucune autre multinationale dans toute l'histoire du marketing. Si le Christ est le *testimonial* exclusif de la divinité, bien d'autres *testimonials* du *testimonial* interviennent dans les points de vente. Leur rôle est double: créer une hiérarchie de fonctions et de renvois symboliques dans le jeu de rôles, et, en tant que véritables agents monomandataires, se charger de la vente. Un chef-d'œuvre stratégique qui mêle admirablement marketing, communication et merchandising.

---

* Voir note p. 23.

Toute célébration légitime de l'Eucharistie est dirigée par l'évêque, soit par lui-même, soit par les prêtres qui le secondent [...]. Le prêtre [...] est à la tête de l'assemblée, il préside à sa prière, il lui annonce le message du salut, il s'associe le peuple dans l'offrande du sacrifice [...], il donne à ses frères le pain de la vie éternelle et y participe avec eux. Donc [...] par sa manière de se comporter [...], il doit suggérer aux fidèles une présence vivante du Christ[13].

L'animation sur le lieu de vente respecte des règles de proxémique (utilisation de l'espace) très précises, en fonction desquelles les rôles entre personnel employé et public se subdivisent et se confirment.

Le siège du prêtre doit exprimer la fonction de celui qui préside l'assemblée et dirige sa prière. Par conséquent, il sera bien placé s'il est tourné vers le peuple, et situé à l'extrémité du sanctuaire, à moins que la structure de l'édifice ou d'autres circonstances s'y opposent, par exemple si la trop grande distance rend difficile la communication entre le prêtre et l'assemblée des fidèles. On évitera toute apparence de trône. On placera à l'endroit le plus approprié du sanctuaire les sièges pour les ministres, afin qu'ils puissent facilement accomplir la fonction qui leur est confiée[14].

Mais le rôle le plus important demeure celui de la Parole. On crée donc pour elle un « trône » adéquat qui se trouve conceptuellement sur le même plan que celui du président de l'assemblée qui la représente et en célèbrera les avantages: la chaire ou l'ambon.

La dignité de la parole de Dieu requiert qu'il existe dans l'église un lieu qui favorise l'annonce de cette Parole et vers lequel, pendant la liturgie de la Parole, se tourne spontanément l'attention des fidèles [...]. C'est de l'ambon que sont prononcés les lectures, le psaume responsorial et la louange pascale ; on peut aussi prononcer à l'ambon l'homélie et la prière universelle [15].

Rien n'est laissé au hasard. Le point de vente se structure autour d'une métaphore qui est en même temps la mise en œuvre de l'acte suprême de la consommation.

Le peuple de Dieu, qui se rassemble pour la messe, forme une assemblée organique et hiérarchique, s'exprime par la diversité des fonctions et des actions selon chaque partie de la célébration.

Il faut que le plan d'ensemble de l'édifice sacré soit conçu de manière à offrir l'image de l'assemblée qui s'y réunit, permettre la répartition harmonieuse de tous et favoriser le juste accomplissement de chaque fonction. Les fidèles et la chorale recevront une place qui facilite leur participation active. Le prêtre et ses ministres prendront place dans le sanctuaire, c'est-à-dire dans la partie de l'église qui manifestera leur fonction hiérarchique, où chacun, respectivement, va présider à la prière, annoncer la parole de Dieu et servir à l'autel.

Ces dispositions, tout en exprimant l'ordre hiérarchique et la diversité des fonctions, devront aussi assurer une unité profonde et organique de l'édifice, qui mettra en lumière l'unité de tout le peuple de Dieu. La nature et la beauté du lieu, et de tout le mobilier favoriseront la piété et manifesteront la sainteté des mystères qui s'y célèbrent [16].

Le public qui prend part à l'animation sur le lieu de vente doit disposer d'un espace adéquat pour suivre son déroulement en adoptant diverses attitudes corporelles codifiées : le rituel n'admet que les comportements prescrits. Durant la cérémonie, les positions debout, agenouillée et assise alternent : même le moment de détente est codifié. Le partage des mêmes postures crée un sentiment d'ordre et d'appartenance.

> On aménagera la place destinée aux fidèles avec soin, pour qu'ils puissent participer comme il se doit, par le regard et par l'esprit, aux célébrations sacrées. Il convient ordinairement de mettre à leur disposition des bancs ou des chaises ; on doit réprouver l'usage de réserver des sièges à certaines personnes privées. La disposition des bancs et des chaises permettra aux fidèles d'adopter facilement les attitudes requises par les différents moments de la célébration, et de se déplacer sans encombre pour aller recevoir la sainte communion.
> On veillera à ce que les fidèles puissent non seulement voir le prêtre et les autres ministres, mais encore, grâce à l'emploi des moyens techniques modernes, à ce qu'ils puissent aisément les entendre [17].

Le point focal de l'animation est le tabernacle, autour duquel tourne le rite tout entier. Le bon déroulement de l'offre de dégustation requiert un emplacement digne de l'importance du produit.

> Le saint sacrement doit être conservé dans un lieu important du point de vue architectural, un lieu en principe distinct de la nef de l'église, adapté à l'adoration et

à la prière, surtout personnelle, orné avec noblesse et illuminé de façon appropriée.

Le tabernacle doit être non seulement unique mais aussi inamovible, solide, non transparent et inviolable. Que l'on n'oublie pas de prévoir sur l'un des côtés un emplacement pour la lampe de la flamme perpétuelle, signe de l'honneur rendu au Seigneur[18].

L'animation s'accompagne aussi de musique et de chants. Le chant, en particulier, permet une mémorisation des concepts exposés à d'autres moments par le personnel chargé de la gestion de la Parole, et en même temps favorise la socialisation et la cohésion du groupe.

Selon la disposition de chaque église, on placera la chorale de telle sorte qu'apparaisse clairement sa nature: elle fait partie de l'assemblée des fidèles réunis dans l'église, elle accomplit une fonction particulière; ainsi, l'accomplissement de son ministère liturgique sera facilité; et chacun de ses membres pourra facilement obtenir la pleine participation à la messe, qui est la participation sacramentelle[19].

Ce qu'on qualifie communément de merchandising sur le lieu de vente n'a jamais eu de définition précise ni de codification bien arrêtée. L'animation représente en général tout ce qui accélère la vente, favorise la prise de décision et fait vivre le point de vente lui-même. L'une de ses fonctions principales est d'attirer l'attention de la clientèle au bon moment et pendant un certain laps de temps. Le but peut être multiple: relancer un rayon, profiter de la saisonnalité ou faire référence à des textes empruntés à la radio, à la télévision et ainsi de suite.

L'Église catholique a été la première à avoir l'intuition que la seule publicité ne suffisait pas à soutenir tous les objectifs du marketing, et donc, bien avant les règles techniques de Philip Kotler, à initier une forme très poussée de *communication mix* sur le lieu de vente : la messe. La cérémonie a précédé de nombreux siècles l'exposition « de masse » centrée sur les îlots de vente et les présentoirs en tête de gondole, de façon réellement « multimédiale », en alternant le chant et le discours, la musique et le silence, la consultation individuelle et l'interaction entre personnel et clientèle. Un mécanisme parfait dans sa structuration.

> La participation active exige une pluralité d'interventions qui vont de celle du servant d'autel à celles du lecteur, du psalmiste, du chœur, du directeur musical de l'assemblée... À travers cette choralité harmonisée de services, la liturgie offre une image de l'Église qui, dans toutes ses expériences, se construit grâce à l'apport de tous [20].

Les théories les plus récentes du marketing, selon lesquelles « tout parle » dans une entreprise de services, viennent à l'esprit. Selon Eiglier et Langeard, il faut regarder, écouter et agir avec les yeux, les oreilles, le corps et l'esprit du client. Ainsi seulement le service se chargera de signification pour la clientèle [21].

Jingles et motifs de succès

La création d'un certain esprit d'appartenance à la marque s'obtient aussi par le biais de la diffusion de chants et d'hymnes à utiliser lors des occasions importantes. Des textes tels que *Nobile santa Chiesa, regno d'amor, dona la terra a Cristo trionfator* [22] ! favorisent la mémorisation des objectifs de l'entreprise.

Pour obtenir une plus grande pénétration du message publicitaire dans une fourchette plus large de public, des musiques en tous genres ont été largement utilisées depuis les siècles les plus reculés. Les chants étaient codifiés sur des textes sacrés et arrangés en piochant dans un vaste répertoire de tournures de style adaptés aux situations les plus variées. Dans la messe chantée, par exemple, l'*Alléluia*

apparaît comme une imitation des mélismes classiques grégoriens, alors que l'arrangement date en fait de 1969 [23]. La spiritualité du chant grégorien originel se traduit ici par une véritable « reprise », comme c'est souvent le cas dans la publicité. Le cas du psaume XXII (« Tu es mon berger, ô Seigneur »), dans sa version la plus connue, est encore plus intéressant [24].

L'effet le moins remarquable (quoiqu'extrêmement bien agencé en ce qui concerne le rapport entre texte et mélodie) est la série de symétries sémantiques comme celle entre «mon berger» (mesures 1-2) et «Seigneur» (mesures 3-4), que souligne la répétition du même module mélodique avec une accentuation différente:

Cette équivalence mélodique est construite de façon à étayer et véhiculer l'équivalence conceptuelle contenue dans le texte des deux modules: le Seigneur est mon berger. C'est un dispositif de persuasion presque subliminal qui est ainsi mis en place. La résolution de la promesse «rien ne saurait manquer» survient par le biais d'une preuve (*reason why*) qu'expriment les mesures 7-8: «où tu me conduis». Cette dernière phrase, très commune dans la musique légère (voir l'incise «si tu viens avec moi» de la chanson «Chariot» interprétée par Betty Curtis et Petula Clark dans les années 60, pratiquement contemporaine de la version citée du psaume), conclut le chant par une invitation à adhérer à l'offre.

Le plus intéressant, c'est que cette composition facile adopte une gamme pentatonique myxolidienne. Le résultat tonal ainsi obtenu se situe à mi-chemin entre les monodies grégoriennes et la musique modale ethnique, ce qui permet de rassurer aussi bien l'oreille des générations plus âgées habituées à la messe classique, que celle des jeunes générations habituées aux styles modaux de la musique commerciale, à partir du blues. Le compositeur de ce morceau (et bien entendu nous n'avons utilisé ici que le plus simple des exemples qui pourraient être cités) savait parfaitement que l'efficacité d'un tel répertoire serait garantie s'il devait être «exporté», de même qu'en serait facilitée l'interprétation par des fidèles appartenant à des cultures différentes, précisément dans la mesure où le matériau tonal utilisé semblerait certainement «familier» à leurs oreilles. Un *jingle* publicitaire de haute volée, donc.

En amont de ces considérations, cependant, il est utile de souligner que notre culture occidentale, en particulier ses strates les plus influencées par la religion traditionnelle, entretient encore une idée de la «musique sacrée» comme musique qui doit avoir et a effectivement des caractéristiques internes de sacralité.

Comme l'a amplement démontré Gino Stefani en analysant entre autres les écrits de l'abbé Martin Gerbert von Hornau, illustre musicologue et auteur du premier traité systématique sur la musique sacrée [25], cette idée est en soi un mythe qui a survécu pratiquement jusqu'au concile Vatican II et qui, ajoutons-nous, n'a peut-être pas encore entièrement disparu [26]. La «musique sacrée» s'opposerait ainsi à la musique profane: la première devient la planche de salut de la seconde, pécheresse dès l'origine. Ce que la musique humaine ne peut accomplir toute seule – louer la gloire de Dieu –, la musique imitant celle des anges le peut: la musique «sacrée», justement.

Parmi les lieux communs qui se sont transmis jusqu'à nos jours, on trouve cette équivalence entre «antique» et «sacré», que l'Église catholique ne prend pas la peine de modifier parce qu'elle est désormais fortement enracinée dans l'inconscient collectif. Plus la musique se perd dans la nuit des temps, plus elle est proche de sa probable origine divine. Sur la base de ce lieu commun, les fidèles perçoivent encore le grégorien comme «plus sacré» que les musiques utilisées par la suite dans la liturgie (et pour la même raison, une basilique construite en des temps reculés leur semble plus sacrée qu'une église moderne construite en béton armé et matériaux nouveaux).

> L'antique est sacré, et le caractère profane appartient toujours au temps présent. Indépendamment de sa destination, la musique d'Église est sacrée dès l'origine : parce qu'elle vient d'en haut [27].

Un autre lieu commun des plus courants veut que l'antique soit par nature immuable. Cela ressemble beaucoup à un *argumentum ad antiquitatem* – argumentation qui se fonde sur l'affirmation qu'une chose n'est juste ou valable que parce qu'elle est plus ancienne ou qu'«elle est comme elle a toujours été» – alimentant le mythe d'une musique «sacrée» et, plus généralement, d'un art «sacré».

> Nous n'avons pas une idée très claire, somme toute, de ce qui se chantait dans l'Antiquité et de la façon dont on chantait; mais ce n'est pas très important, car l'Antiquité est vue plutôt comme préparation et amorce de ce qui deviendra le véritable chant liturgique, le grégorien, qui concentre les traits marquants du mythe : très ancien, institutionnel, traditionnel, et – qualité suprême – immobile et indéfectible [...], l'antique est immuable. De même que le grégorien, qui devient un modèle à imiter, toute musique d'Église devra posséder le même caractère d'*aequalitas*, d'impassibilité et donc d'incorruptibilité [28].

C'est ainsi que se justifie l'exigence, par la suite, de créer des musiques rappelant systématiquement l'aura d'«antiquité» et d'«immuabilité» qui constitue la garantie audible de la sacralité de la musique. Pendant des siècles, la production de musique sacrée a perpétué cette équivoque.

L'imitation de modèles anciens et la décontextualisation opérées sur ces répertoires ont donné lieu, comme le soutient Stefani, à «cette masse énorme de faux et de kitsch qu'a été en grande partie la "musique sacrée" la plus orthodoxe, en vogue auprès des catholiques et des protestants au cours des deux derniers siècles».

Jusqu'au jour où les *auctores* modernes ont reconnu la contradiction objective qui sous-tend le projet de créer une musique «immuable», et se sont repliés sur le concept de musique «spirituelle». C'est le cas du CD *Abbà Pater*, entré au hit parade des disques les plus vendus en 1998. Voici comment le père Pasquale Borgomeo S. J., directeur général de Radio Vatican, le présente:

> Aux côtés de paroles d'inspiration divine et de textes d'une spiritualité ancienne et pourtant toujours neuve, nous permettant de redécouvrir et de raviver notre foi en Dieu et notre amour pour les hommes, la musique de notre époque, qui s'en inspire, peut ouvrir des espaces à la prière et préparer le cœur à une écoute plus intense [29].

En déclinant ce concept, on en vient aisément à la production d'une musique définie comme «chrétienne», en parvenant à maintenir l'ancienne opposition avec la musique «profane» dont les styles, les rythmes et les harmonies sont assimilés pour offrir à la cible un rajeunissement apprécié. Et c'est ainsi que naissent des «auteurs-compositeurs chrétiens», des «groupes de rock

71

chrétiens», et même une version «chrétienne» du festival de Sanremo, qui s'est déroulée dans le chef-lieu ligure les 26 et 27 novembre 1999.

L'offre de dégustation

Revenons au théâtre principal de l'animation sur le lieu de vente. Les rayons du supermarché sont distribués dans l'espace selon des critères qui tiennent aussi compte des rapports hiérarchiques entre un produit et un autre. Les paramètres principaux sur lesquels se fonde la conception du projet sont: nécessité de l'achat, fréquence de l'achat, complémentarité, notoriété, encombrement, produits d'achat impulsif, produits d'achat pondéré, espaces promotionnels, espaces de conseil à l'acheteur.

Le meilleur emplacement pour les achats pondérés se trouve avant le rayon alimentaire; celui qui est préconisé pour les achats d'impulsion, juste après. Lorsqu'il arrive dans le point de vente, le consommateur n'a en tête que les achats «nécessaires», principalement les produits alimentaires. Il ne s'agit pas d'achats impulsifs. Dans les églises, ces derniers se situent en effet sur le parcours qui part de l'autel principal vers les caisses et la sortie. Dans les hypermarchés, comme dans les basiliques principales d'un culte et dans les cathédrales, on focalise la consommation sur le produit principal, en empêchant de fait l'achat d'impulsion.

La centralité de l'autel principal où se trouvent le pain et le vin correspond, dans les supermarchés modernes, à la centralité du secteur alimentaire. Tous les couloirs y conduisent rapidement. Les produits de première nécessité sont placés un peu plus haut que les autres produits.

> L'autel est le point central pour tous les fidèles, le pôle de la communauté lors de la célébration. Ce n'est pas un simple élément décoratif, mais le signe permanent du Christ prêtre et victime, la table du sacrifice et du banquet pascal que le Père dresse pour les fils dans la maison commune, source et signe d'unité et de charité. Il devra par conséquent être bien visible et empreint de dignité; à partir de lui et autour de lui, il faudra penser et disposer les différents espaces significatifs. Il doit être unique et situé dans le sanctuaire, tourné vers le peuple et d'accès dégagé. Il ne faut pas oublier que, tout en restant proportionnel au sanctuaire où il est situé, l'autel n'assure la fonction de «point focal» de l'espace liturgique que s'il est de dimensions raisonnables. La hauteur de la table doit être d'environ 90 cm par rapport au sol, afin de faciliter le devoir des ministres exerçant leurs fonctions. Sur l'autel, on ne placera ni statues ni images de saints. Lors de la dédicace, on peut y placer un coffret contenant des reliques authentiques de martyrs ou d'autres saints [30].

En général, un employé de l'entreprise, assisté du personnel de salle, est chargé de la distribution des produits. En revanche, la dégustation, en tant que facteur décisif de fidélisation, n'est pas proposée fortuitement mais très régulièrement, et peut également être liée à la saisonnalité.

L'une des grandes intuitions de l'Église, que le marketing moderne n'a jamais mise en œuvre, est qu'il est plus efficace, par rapport à la variation continuelle, d'instituer sur le lieu de vente une forme d'animation stable qui se répète régulièrement en respectant les mêmes impératifs. Le rituel de la messe, qui s'est perfectionné au cours des siècles, correspond à ces objectifs; il tourne autour du clou du spectacle, l'Eucharistie, à savoir l'offre ritualisée d'une «dégustation» du produit, synthèse et métaphore suprême de l'acte de la consommation.

La célébration de la messe, comme action du Christ et du peuple de Dieu organisé hiérarchiquement, est le centre de toute la vie chrétienne [31].
Une communauté chrétienne ne peut se former si elle n'a pas comme pivot et comme racine la célébration de la Sainte Eucharistie, dont toute éducation visant à former l'esprit de la communauté doit par conséquent s'inspirer. Tel est le principe fondamental de la «nouvelle pédagogie» [32].

Et ce n'est pas tout: la participation à l'animation sur le lieu de vente doit aussi présenter des caractéristiques d'interactivité pour garantir l'efficacité maximale.

Conformément à la méthode exemplaire des Pères de l'Église, l'expérience du mystère passe par le rite: c'est pourquoi il est nécessaire que les fidèles n'assistent pas à ce mystère de la foi comme des spectateurs étrangers ou muets, mais qu'ils le comprennent bien grâce aux rites et aux prières et participent à l'action sacrée, consciemment, pleinement et activement [33].

C'est le partage de la Parole qui donne vie à la cérémonie de la dégustation. Le rite a un fondement linguistique: l'écriture est la mort, la résurrection réside dans la parole dite. Jésus meurt textuellement chaque fois qu'on se réfère aux Écritures, tandis que l'oralité du sacrement le ressuscite. Toujours en paroles. Comme dans la magie, on prononce ici des formules ayant pour fonction de transférer sur un plan symbolique tout ce qui a lieu.

Selon Ida Magli,

> les sacrements sont sans aucun doute des rituels magiques, par lesquels la réalité est transformée au moyen de mots prescrits et puissants. Il faut donc écarter l'idée que Jésus ait voulu rendre symbolique le rite de l'Eucharistie quand il a prononcé ces paroles lors de l'offrande du pain et du vin [...]. Ce qui ne résout pas le problème du sens qu'il faut donner à la phrase: «Ceci est mon corps, ceci est mon sang», car Jésus a certainement dû dire quelque chose, dont par la suite les apôtres se sont servis pour construire ce qui est devenu le point essentiel du catholicisme: l'Eucharistie [34].

Pourquoi l'Eucharistie est-elle si importante? Parce que ce rite détermine et fixe le rapport entre les chrétiens et le monde. Si l'interprétation que l'on donne à ces mots célèbres était vraie, Jésus aurait contredit ce qu'il avait toujours affirmé, et de plus il aurait transformé magiquement des choses concrètes en fonctions symboliques, ce qui était manifestement impossible, car

> tandis que pour les juifs il était tout à fait normal d'égorger des agneaux et d'offrir des colombes, il est fort peu probable qu'ils aient eu recours à une forme de symbolisme substituant le corps et le sang au pain et au vin, lesquels demeuraient visiblement du pain et du vin.

En d'autres termes, le symbolisme était presque impensable pour les juifs sans un objet concret, réel et non pas analogique. Les juifs passaient de fait, et c'est encore aujourd'hui un point de force de leur culture, du concret au rien. Les exemples en sont évidents: certains rituels de purification, qui devaient être accomplis selon la loi dans le Temple, n'ont jamais été remplacés par d'autres rituels ou transférés ailleurs depuis la destruction du Temple. En d'autres termes, s'il n'y a pas de Temple, il ne peut pas non plus y avoir de rituel à y accomplir [...]. En définitive, pour les juifs, le symbolisme à l'état pur, sans support concret, n'a pas de sens [35].

4

Pour dévorer le marché

Pragmatique des sacrements

Sur la base des remarques précédentes, il sera plus facile de comprendre pourquoi la théologie catholique se donne tant de mal aujourd'hui pour souligner l'«efficacité» et la «performance» des sacrements (voir chapitre 1). Un propos qui pourrait avoir des accents vulgaires et prosaïques aux oreilles d'un croyant sincère: c'est pourtant la réponse typique de la grande industrie face à l'avancée des produits «naturels».

Le fait d'avoir créé un produit entièrement artificiel tel que le christianisme implique aussi d'habituer le public à ne plus distinguer les vraies saveurs de celles qui sont produites industriellement. Ou plutôt, de renoncer à la sensibilité.

La perte de sensibilité est le prix que nous devons payer pour pouvoir consommer des produits garantis, aux composantes «pures», répondant à un standard constant. En échange de ces garanties, nous sommes disposés à perdre le souvenir des produits naturels que nous consommions autrefois, à perdre en définitive notre culture.

La marque, tout à fait consciente du mécanisme de persuasion qu'elle a instauré pour lancer la consommation du produit industriel, ne parvient pas à dissimuler sa préoccupation (toujours en éveil) : qu'une partie de la cible puisse soudain « redécouvrir » les saveurs d'autrefois. Mais les nouvelles religions et les nouveaux produits émergeant sur le marché n'ont aucune chance de conquérir de l'audience, parce qu'ils n'ont pas de racines. De fait, la culture de l'Occident est depuis des siècles imprégnée de paradigmes chrétiens.

Il est au fond inutile de démontrer l'efficacité d'un produit lorsqu'on peut disposer, comme nous l'avons vu dans le premier chapitre, d'un public bien éduqué et enclin à voir ce qu'il veut voir. Et puis, il n'est pas du ressort de la Multinationale de démontrer des faits : l'Église gère la Parole et ses dérivés, non les faits. Cependant, si l'on considère que les mots eux-mêmes sont des faits, on en conclut évidemment qu'on peut produire des faits, c'est-à-dire des modifications « concrètes » de la réalité, par le biais des mots.

Cette approche est valable surtout lorsqu'il s'agit de l'efficacité des sacrements, une autre façon de démontrer les qualités du produit. Ainsi, la théologie la plus récente s'est approprié de nouveaux instruments pour démontrer « scientifiquement », encore une fois, ce que la foi tient déjà pour acquis.

Pour les lecteurs les plus fidèles, nous fournissons ici une brève schématisation. Les autres, s'ils le souhaitent, peuvent passer directement (par un acte de foi) à la partie suivante.

À partir des réflexions de Karl Rahner (1904-1984) autour de l'efficacité des sacrements *ex opere operato**, la

---

* Terme technique entré dans l'usage entre XIIᵉ et XIIIᵉ siècles. À partir du concile de Trente (1545-1563), on l'utilisera officiellement pour indiquer le dogme de la causalité dans les sacrements.

théologie sacramentaire, et en particulier celle de ce qu'on nomme le «tournant anthropologique», se taille un rôle central dans la spéculation catholique. La référence à des linguistes tels qu'Austin et Searle permet en effet de se méprendre sur un idéal de performance en vertu duquel le langage verbal, selon les règles d'une procédure établie par convention, modifierait la réalité [1].

La question du rapport entre langue et monde est depuis toujours très controversée. Il semble établi que la langue se rapporte nécessairement à l'univers non-linguistique. Mais cet univers n'est pas le monde, la réalité objective, mais plutôt notre expérience individuelle du monde. La langue ne se réfère donc pas à des objets mais à l'expérience que nous avons de ces objets. Il s'agit d'une distinction subtile, mais d'importance fondamentale. C'est nous qui nous adaptons à la réalité et non le contraire. Comme l'avait déjà compris Eduard Sapir en 1929,

> c'est une illusion de croire qu'on puisse s'adapter à la réalité sans l'auxiliaire de la langue, et que celle-ci ne soit qu'un moyen fortuit pour résoudre des problèmes spécifiques d'expression et de réflexion. La vérité est que le «monde réel» est en grande partie inconsciemment constitué sur la base des habitudes linguistiques d'un groupe [...]. L'homme voit, écoute et a d'autres expériences, dans la large mesure où il les a, précisément parce que les habitudes linguistiques de sa communauté le prédisposent à certains choix interprétatifs [2].

La théologie post-rahnérienne souligne justement le caractère d'acte linguistique des sacrements, et va plus loin: s'il est vrai qu'ils sont des «actions du Christ et de l'Église», leur nature humano-divine est à la base de leur capacité à transformer la réalité. Comme l'a opportunément noté le philosophe du langage Massimo Prampolini,

> la perlocution, entendue comme acte d'échange linguistique visant à la formation et à la consolidation de la croyance, ne peut être gouvernée par la communauté mais doit dénoter la gestion de l'autorité institutionnelle par des signes sans équivoque: et ces signes ramènent tous à l'exclusivité de la profération de la parole. Le nouveau Code de droit canonique est explicite sur ce point[3].

Le sacrement est un rite qui n'est qu'apparemment interactif: géré par l'autorité du ministre auquel il est nécessaire, il s'avère en fait rigoureusement monodirectionnel. C'est pourquoi même l'homélie, dernière trace d'oralité dans la pratique chrétienne, est vidée de sa fonction de dialogue. Mais c'est à ce sujet que les post-rahnériens parlent de «sacramentalité diffuse»: tout devient sacrement.

Nous sommes ici en plein milieu expérimental, dans le secteur Recherche de la Multinationale. Le résultat de siècles de travail de ce secteur est littéralement devenu réalité de nos jours. Tandis que le reste de l'humanité est encore à la traîne avec ses chimères et ses films sur le virtuel, l'Église a non seulement été la première à réaliser la réalité virtuelle, mais elle l'a rendue réelle en affirmant une symbiose du divin avec l'élément humain dans une sorte d'architecture *client-server*, comme dans le film *Matrix*.

Les bonnes saveurs d'autrefois

Comme nous l'avons vu, bien qu'on se soit de plus en plus éloigné de la dimension concrète des rites anciens, l'ambiguïté entre les niveaux symbolique et matériel du rite est demeurée irrésolue («Sauf la manière d'offrir qui est différente, il y a identité entre le sacrifice de la Croix et son renouvellement sacramentel à la messe[4]»).

À plus forte raison, au moment central de la ritualité chrétienne, c'est-à-dire l'Eucharistie.

Et pourtant l'abbé Paschase Radbert, vers le milieu du IXe siècle, semblait avoir clarifié une fois pour toutes l'interprétation du dogme eucharistique. C'est à lui qu'on doit la doctrine de la transsubstantiation, c'est-à-dire la conception selon laquelle le vin et l'hostie se transforment en «vrai» sang et «vraie» chair de Jésus à travers la communion. Le dogme établit dès lors que la transformation s'accomplit *vere, realiter, substantialiter*, même si les aliments maintiennent leur aspect matériel. Il s'agissait de l'extrême concrétisation d'un symbole, un principe contre lequel Jean Scot Érigène se dressa en soutenant au contraire que l'Eucharistie n'était autre qu'une commémoration de la Cène, au cours de laquelle Jésus rompit le pain et versa le vin à ses disciples, rien de plus. Mais désormais l'idée de la transsubstantiation était tellement enracinée qu'Érigène fut assassiné pour ses opinions vers 889, par ses propres moines, alors qu'il était abbé de Malmesbury[5].

La plupart des miracles eucharistiques qui se succédèrent depuis lors eurent un but didactique: fixer une interprétation littérale du sacrifice, contre toutes les interprétations symboliques ou figurées. C'est ainsi qu'un «ancien ermite» dont parle Domenico Cavalca vers la fin du XIIIe siècle fut puni avec deux de ses confrères par une vision plutôt éloquente, justement parce qu'il n'acceptait pas l'idée que le corps du Christ se trouve «vraiment» dans l'hostie consacrée.

> Tous trois virent sur l'autel un presque enfant; et quand le prêtre se mit à rompre l'hostie, il leur parut qu'un ange descendait du ciel, découpait l'enfant avec un couteau et remplissait le calice de son sang; et quand le prêtre partagea l'hostie en plusieurs morceaux pour communier le peuple, ils virent que l'ange partageait cet enfant en petites portions; et quand, une fois la messe achevée, cet ermite alla communier avec ses compagnons, il lui parut qu'il était le seul à recevoir un petit morceau de la chair de cet enfant tout sanguinolent.
> Voyant cela, il éprouva une grande crainte, poussa un cri et dit: «Seigneur mon Dieu, maintenant je crois vraiment que le pain consacré sur l'autel est ton saint corps, et le calice, ou plutôt le vin, est ton sang.»
> Et incontinent cette chair lui parut de nouveau du pain et il communia. Alors les deux autres ermites lui dirent: «Dieu, sachant que la nature humaine a horreur de manger de la chair crue, a prescrit ce sacrement sous les espèces du pain et du vin [6] […]»

En ces temps de désacralisation qui sont les nôtres, la recommandation de ne pas mâcher l'hostie, puisqu'il s'agit de la chair de notre Seigneur Jésus-Christ, peut encore engendrer quelque confusion chez le consommateur. Tant qu'il n'est pas dissuadé d'un usage impropre du produit, il ne se pose nullement la question. Mais c'est

précisément l'invitation catéchiste à avaler l'hostie avec délicatesse plutôt que de la mâcher qui suggère à sa conscience la possibilité, jusque-là non contemplée, de tirer bénéfice du produit d'une façon différente. L'hostie doit être déglutie entière pour « entrer » inaltérée dans le communiant et produire les effets promis (de par sa possession). Un usage différent, comme la mastication par exemple, comprendrait une première forme de digestion et donc de neutralisation, d'annulation des propriétés sacrées du produit. Comme le souligne Rodolfo Parlato,

> une autre caractéristique de la déglutition relève de la distinction entre la déglutition douce et la trituration. Il suffit de penser à la présence d'une philosophie du « mou » – le mou comme bon, comme tendre, délicat – dont la publicité fait un grand usage. La mastication aussi est utilisée dans les spots publicitaires, mais lorsque c'est le cas c'est surtout pour en souligner les aspects inconvenants, l'infraction au code […].
> Le parallélisme avec l'infraction du tabou et avec le repas de l'animal totémique se présente comme une évidence ; […] il suffira de relever qu'il est possible, par le biais du repas totémique, d'acquérir des caractéristiques de typologie et de niveau supérieurs à ceux possédés par les sujets qui participent au repas [7].

En définitive, c'est l'ancien tabou du cannibalisme qui ressurgit ici. J'ai eu moi-même l'occasion de le constater, lors de ma première communion. Au cours des semaines précédentes, la cérémonie avait été préparée par un prêtre âgé doté d'une voix sourde, qui baissait le ton à la fin de chaque mot. N'ayant compris que la moitié de ce qu'il

disait, le jour où j'arrivai devant l'officiant pour ma première (et dernière) communion, je répondis ce que j'avais appris (à moitié) lorsqu'il annonça: «Corpus Christi», et je mordis dans l'hostie consacrée en m'exclamant «ahm!» au lieu d'«amen». Je ne compris l'horreur qui se peignit sur le visage du prêtre que des années plus tard.

Il paraît évident que l'Eucharistie a pleinement remplacé de lointains rituels cannibales (avec distribution afférente ou «partage» de la victime sacrificielle), et la très subtile règle symbolique de la déglutition «délicate» ou «douce» ne parvient pas à dissimuler un embarras de fond, sous lequel on tente tant bien que mal de cacher une telle évidence. Comme l'observe Piero Camporesi, l'imaginaire terrifiant lié à l'acte accompli dans l'Eucharistie doit avoir provoqué chez les fidèles un traumatisme profond, pendant des siècles[8]. À mon avis, ce traumatisme a pu servir à créer un état de «prostration» psychologique temporaire, une baisse des défenses rationnelles, suffisant pour générer (ou régénérer) l'état de «grâce».

Dans l'Eucharistie, un acte cannibale initial du croyant précède un processus digestif dans lequel c'est le croyant lui-même qui est cannibalisé. En général,

> la nourriture corporelle ne fait plus qu'un avec celui qui la reçoit, cette nourriture se changeant en la personne qui la reçoit, alors que c'est tout à fait le contraire dans l'Eucharistie: ce n'est pas la nourriture qui se change en celui qui la reçoit, mais celui qui la reçoit qui se change spirituellement en nourriture reçue[9].

Par rapport au projet initial consistant à obtenir de la part des fidèles une acceptation et une gratitude incondi-

tionnelles, le rite est réellement en mesure d'opérer une transformation à un niveau subliminal. Quoiqu'il soit très difficile de tenter de ramener tout cela à une interprétation symbolique, quand les auteurs catholiques insistent eux-mêmes maladroitement, encore aujourd'hui, sur la dimension alimentaire, même lorsqu'il s'agit de l'*immixtio*, c'est-à-dire du rite de mouiller l'hostie dans le vin.

> Nous connaissons encore l'usage de plonger le pain dans le lait ou le café; le pain devenu dur après des jours ou des semaines doit généralement être ramolli avant d'être ingéré [...]. L'immersion d'une petite partie de l'hostie dans le sang du Christ, qui demeure encore actuellement un élément constitutif de toute messe, rappelle cette coutume domestique [10].

Ce qui paraît encore déconcertant, à des siècles de distance, c'est justement l'*immixtio* entre matériel et spirituel dont s'est imprégné tout le rite chrétien, dans une tentative pour retrouver la dimension concrète d'autrefois. Il en découle une sensibilité éloignée d'une idée de spiritualité «pure» qui paraîtrait peut-être peu accessible à la masse et difficile à diffuser à grande échelle.

Dans toute la série d'anecdotes chrétiennes, dans les vies et les comportements des saints, on trouve également un niveau de textualité susceptible de se prêter à une interprétation littérale. Il devait être plutôt embarrassant d'assister, par exemple, à l'Eucharistie telle qu'elle était célébrée par saint Philippe Néri, parce qu'il ressuscitait précisément ces «saveurs d'autrefois» qui semblaient désormais oubliées.

En prenant le corps du Seigneur, il était pénétré d'une extraordinaire douceur, et se laissait aller à tous ces comportements familiers de tous ceux qui savourent un mets succulent; [...] en le goûtant, comme l'attestent ceux qui lui servaient la messe, il se laissait parfois envahir par des affections inexplicables. [...] En absorbant le sang, il léchait et suçait le calice avec une telle affection qu'il ne semblait plus en mesure de s'en séparer: il en avait même consumé sur le bord non seulement la dorure mais aussi l'argent; et il y avait même laissé l'empreinte de ses dents [11].

Les pratiques de certains cultes mineurs perpétuent d'ailleurs cette ambiguïté. Citons entre tous celui de la «manne» prodigieuse de saint Nicolas de Bari:

Il fut enseveli dans une tombe de marbre, d'où une source d'huile s'écoulait du côté de la tête et une source d'eau du côté des pieds. Encore aujourd'hui, de ses membres émane une huile sacrée qui apporte la santé à beaucoup de gens[12].

De même, la «liqueur» recueillie lors de la toilette périodique du cadavre de sainte Béatrice d'Este était en substance une sorte de distillat capable de guérir les fidèles qui, en le buvant, absorbaient un peu de son incorruptibilité et de sa sainteté. Aujourd'hui comme alors, l'efficacité d'un produit se fonde sur la bonne foi des gens.

Le sacré kitsch

Si «spirituelles» que puissent être ces métaphores, une sorte d'accoutumance a sans doute banalisé à la longue ce qui avait été initialement perçu comme «terrible». Et l'acceptation acritique de n'importe quel produit ou sous-produit de la culture catholique a eu comme conséquence extrême la diffusion d'une esthétique vulgaire, ou plutôt d'une esthétique qui pouvait aussi intégrer des styles plus adaptés aux masses.

Cela dérive peut-être de l'assimilation inconsciente de styles esthétiques propres aux lieux où l'on «obtient» les bénéfices. Mais c'est en même temps le produit d'un travail méticuleux d'éducation de la cible qui a lieu principalement dans le point de vente.

Parmi les vertus idéales, l'éducation du bon chrétien exalte la tolérance. La tolérance, comme extension du sacrifice personnel, pousse la cible à tout accepter en échange de la rédemption. Il s'agit d'un travail laborieux qui porte ses fruits: une capacité tout à fait enviable d'acceptation passant par la perte du sens critique, jusqu'à l'élimination totale de la sensibilité. La «désensibilisation» conduit à ne plus percevoir la réalité mais quelque chose de différent qui est filtré soit par le texte soit par l'utilisation «textuelle» de la vision du groupe. Parce que même la vision du groupe devient texte, ce qui influe aussi sur la perception esthétique. Ainsi, le catholicisme est parvenu à éliminer le concept de vulgarité, parce que nul n'est plus en mesure de l'identifier.

La preuve la plus évidente de ce phénomène s'étale sous les yeux de tous. Depuis des temps immémoriaux, la basilique Saint-Pierre, chef-d'œuvre absolu du kitsch,

n'est vue dans sa grandiose vulgarité que comme «grandiose» et donc «sacrée»*, parce que dans l'acception commune le sacré ne peut être que «grandiose», «majestueux», «imposant», et jamais subtil. Ce qui est subtil est difficilement partageable et n'est donc pas adapté à la massification.

Le kitsch est exactement la conséquence de la massification de l'esthétique, c'est-à-dire la création d'une esthétique destinée à la masse. Le kitsch est au service de la popularité de l'art. Comment ne pas admirer, alors, ce merveilleux équilibre entre architecture et rhétorique de propagande atteint par les deux colonnades s'incurvant devant la basilique comme pour embrasser maternellement la foule des fidèles et les diriger vers l'intérieur? Comment ne pas remarquer l'énorme effort esthétique exclusivement concentré sur la façade du temple, la partie tournée vers les fidèles, tandis que tout autour, sur les côtés, il n'y a rien?

L'universalisme esthétique de Saint-Pierre se fonde sur un mélange de genres et de stylèmes empruntés à d'autres traditions et cultures. Que fait un obélisque égyptien au beau milieu du temple de la chrétienté? Certes, il ornait auparavant le cirque de Néron sur lequel la basilique fut construite, et le choix de cet emplacement pouvait déjà avoir une valeur symbolique. Mais pourquoi donc, en 1586, fut-il placé au centre de la place? Probablement pour réaffirmer le même concept, en rappelant symboliquement la

---

* C'est une équation que nous retrouvons également dans les paroles de la chanson «Roma capoccia» d'Antonello Venditti: *Vedo la santità der cuppolone* («Je vois la sainteté de la grosse coupole»), où il semble que la coupole de Saint-Pierre soit encore plus «sainte» en vertu de son aspect imposant.

victoire du christianisme sur le monde antique, pour l'éternité. Et que fait là toute la pacotille accumulée au cours des siècles, des horloges de Valadier qui vinrent orner la balustrade au XVIIIᵉ siècle, à la *Porte de la Mort* de Manzù?

C'est simple. Le point de vente le plus important de la chaîne doit avoir un caractère somptueux et spectaculaire en mesure de provoquer des sensations fortes. Et pour obtenir cet effet, on peut entre autres procéder par accumulation. Une fois éliminée la perception naturelle de la masse, remplacée par une esthétique passant par le texte (les livres nous disent toujours que la basilique Saint-Pierre est «magnifique» parce qu'elle est le berceau de la chrétienté, jamais le contraire), personne ne s'aperçoit du fait que la sensation qu'on éprouve face à la basilique est sans aucun doute forte non en raison de la beauté présumée de l'œuvre, mais de l'impact de ce bloc extraordinaire et massif de kitsch.

La vulgarité est un paradigme nécessaire qui envahit tous les aspects de la vie chrétienne, depuis l'art «sacré» jusqu'à l'esthétique quotidienne. L'apprentissage du mauvais goût, du kitsch, commence très tôt, au catéchisme et dans les écoles où enseignent les chargés de la gestion de la Parole. Mais comment pourraient-ils transmettre les valeurs du beau, ceux qui ont renoncé à la vie de ce monde pour se consacrer à la raison d'entreprise? Ceux qui fuient toute perception en mortifiant leur corps? Cela reviendrait à admettre et percevoir une beauté dans le monde profane.

Après ce *training* désensibilisant, le kitsch est en mesure de se propager tout seul: des micro-esthétiques se forment et se reforment continuellement, par émulation (ou, encore une fois, par «bonne foi»). Même si l'habit

ne fait pas le moine, tout est un triomphe de vulgarité, depuis l'imitation des vêtements des nonnes par des femmes appartenant aux groupes laïcs les plus actifs, jusqu'aux atours hollywoodiens de Jean-Paul II à l'occasion de l'ouverture de la Porte-Sainte pour le Jubilé. Il suffit d'observer les progrès de ce phénomène syncrétique lors des visites du grand homme dans les pays touchés par les missionnaires : entre autres, ces femmes africaines qui dédiaient au souverain pontife des danses traditionnelles vêtues d'improbables soutanes ou, pire, de costumes traditionnels opportunément «modifiés» pour se plier à l'esthétique (et à la morale) catholique.

Parmi les mille exemples qu'on pourrait citer, personne ne se souvient des ravages que les missionnaires catholiques, «de bonne foi», ont risqué d'infliger à la musique classique indienne en introduisant l'orgue portatif à clavier, afin que ces païens cessent de jouer «faux». Dans le même but, ils reconvertissent les valeurs des étudiants des universités pontificales provenant des pays du tiers monde et cherchant à s'intégrer – entre autres par le biais de l'esthétique – au sein de la culture chrétienne occidentale. De braves gens qui, de retour dans leur patrie, diffuseront en toute bonne foi un kitsch massifié et standardisé qui viendra se superposer aux esthétiques locales en compromettant le maintien de leur identité. Ainsi se créent des hybrides culturels dont on ne se libérera pas sans peine.

C'est le prix que l'humanité doit payer pour le progrès : pouvoir disposer d'un produit culturel (ou cultuel) standardisé. Tous les ingrédients de cette grosse macédoine sont mélangés et perdent leur saveur. Peu importe alors ce qui est chrétien et ce qui ne l'est pas. Le public

s'est habitué à un goût indifférencié et ne se soucie plus du fait que la mitre des évêques et du pape soit à l'origine le couvre-chef des pharaons, que la calotte sur la tête du pontife ne soit autre que le couvre-chef juif traditionnel et que le rosaire soit d'origine musulmane. On peut faire du bon bouillon avec n'importe quoi. Et l'Église universelle touille l'ensemble.

D'ailleurs l'art sacré n'a jamais eu la prétention d'être un art «pur». Les tableaux à sujet religieux, par exemple, ne dissimulent pas une finalité persuasive comparable à la fonction assumée par les affiches publicitaires de films. Représenter dans un tableau les œuvres et les «vertus» d'un saint équivaut à transposer la vie de celui-ci sur le plan du mythe. Dans le cas de la publicité de cinéma, la mythification commence avec la création d'une hiérarchie sémiotique qui fait qu'un récit (l'affiche) renvoie à un autre récit (le film) qui à son tour met le protagoniste en vedette. Par un mécanisme analogue, le tableau sacré transforme la vie du saint en film dont il est l'acteur principal. Il y a toujours une intention «éducative» derrière.

Allons plus loin. Ce qui est intéressant, c'est que le sujet du tableau n'est pas le seul à être mythifié, mais aussi le cadre (généralement kitsch). On retrouvera ce motif ornemental dans la passementerie, un stuc de plafond, le bord de la tasse du «très raffiné» Ginori* ou, pire encore, dans les exercices de dessin exécutés dans les écoles primaires.

---

* La société Richard Ginori de Florence a été l'une des premières à obtenir la licence pour la production d'objets souvenirs à l'occasion du Jubilé de l'an 2000: plats en porcelaine et céramique portant l'effigie du pape et de la colombe du Jubilé, cendriers, vide-poches, tasses à thé et à café, trousses et plateaux.

Le mauvais goût de la culture catholique s'est développé au fil des siècles en produisant d'infinies variations populaires. Le kitsch des objets du culte et des ornements sacrés, délaissant la catégorie de l'art, s'est admirablement transmis à toute l'esthétique chrétienne, à l'esthétique publicitaire, aux modes, aux musiques, aux comportements, aux façons de parler. L'Église a compris dès le début que pour vendre il faut abaisser le plus possible le niveau de la communication. Après des siècles et des siècles de ces influences à tous les niveaux, affirmer aujourd'hui qu'il existe une culture laïque entièrement exempte d'éléments catholiques est une pieuse illusion. Mieux, c'est un kitsch intellectuel. L'Occident est profondément catholique, et même lorsque certaines de ses franges intellectuelles se proclament «anti-catholiques», elles continuent paradoxalement à l'être, justement parce qu'elles continuent à se référer au catholicisme. Le marketing de l'Église a triomphé.

On pourrait ajouter que l'esthétique produite par le marketing est une esthétique fondée non plus sur les catégories du beau, en référence à l'art, mais plutôt sur une «anesthétique», parce qu'elle renvoie à une chose immatérielle prise pour la réalité : la marchandise. Et cela vaut à plus forte raison pour le sacré (en tant que marchandise). Comme l'écrit Odo Marquard,

il s'agit du stade ultime de la domination autorisée de l'illusion, en vertu de laquelle l'esthétique – dangereusement, non pas parce qu'elle devient trop irréelle, mais plutôt parce qu'elle devient trop réelle – conduit, non à l'«expérience esthétique», mais au congé anesthétique de l'expérience, c'est-à-dire à l'anesthétisation de l'homme [13].

L'anesthétique produite par le catholicisme est surtout une esthétique incapable de se générer de façon autonome, fondée sur la cannibalisation des esthétiques appartenant aux autres cultures. Nous laissons volontiers à nos amis anthropologues la tâche ardue de débattre de la différence entre syncrétismes «naturels» et syncrétismes induits. Le résultat final est le même.

Cependant, la loupe de l'anthropologie structurale, qu'on n'utilise jamais assez, permet encore de voir un objet si complexe depuis une certaine distance. Il est possible d'affirmer, par exemple, qu'une culture gravitant autour d'un rite cannibale produit aussi des notions, des stratégies, des politiques cannibalisantes.

De fait, la logique du marketing classique est une logique cannibale. On combat son propre adversaire commercial et après l'avoir vaincu, si possible, on le phagocyte. Le réemploi des signes distinctifs appartenant à la victime à peine dévorée, les dents, le scalp, la tête momifiée, etc., parachève le rite tribal. De même, les multinationales exhibent la force de vente de l'entreprise absorbée (les dents), ses enseignes graphiques (le scalp), et souvent aussi son groupe dirigeant momifié. Le but est de démontrer qu'on a acquis les pouvoirs et les qualités de l'adversaire, en rassurant en quelque sorte ceux pour lesquels il représentait un point de repère.

La folie du marketing dit «global» tient exactement à ceci: il y a une limite à la cannibalisation du monde, au-delà de laquelle on devient cannibale de soi-même. Et sans transsubstantiation.

Le détachant universel

Il nous reste encore à considérer un aspect fondamental de la ritualité créée par notre Multinationale : celui du sacrifice. Aux dires de nombreux chrétiens, participer à la messe chaque dimanche «est un sacrifice». C'est là, assurément, l'expression la plus sincère de leur foi. Pour Paul, en effet, les chrétiens représentent en même temps le temple du Seigneur, les offrants et l'offre.

> Je vous exhorte donc, frères, par la miséricorde de Dieu, à offrir vos personnes en hostie vivante, sainte, agréable à Dieu : c'est là le culte spirituel que vous avez à rendre[14].

Or, si les églises sont les points de vente de notre Multinationale, les chrétiens qui s'y rendent, en un certain sens, vont faire du shopping.

> Si nous considérons le shopping du point de vue des dynamiques des relations sociales, il en ressort une ressemblance simple mais fondamentale entre le shopping – dans le sens de faire les courses – et le sacrifice. [...] La finalité du sacrifice est de construire la divinité comme un sujet qui demande. La signification de la fumée qui monte vers la divinité est la confirmation du fait qu'il existe en réalité une divinité qui désire être nourrie de cette façon. Et le motif central du shopping est précisément identique : le shopping est la construction de l'autre comme sujet qui s'attend à quelque chose. Ce que le shopping se propose n'est pas tant l'achat de choses que les personnes désirent, mais de tenter d'entrer en relation avec des sujets qui demandent ces choses[15].

Le sacrifice se fondait sur des rites conçus pour transformer la consommation en dévotion. Son objectif était de créer des sujets désirants, en attente de quelque chose. Ce qui se répète régulièrement lors de la cérémonie eucharistique est un véritable sacrifice collectif: non seulement le Christ est sacrifié par les fidèles sous les espèces eucharistiques, mais il s'attend aussi à ce que les fidèles se sacrifient pour lui. Le sacrifice, selon l'image de l'Apocalypse (Apocalypse 7,14), permet au chrétien de laver son propre vêtement dans le sang de l'agneau Jésus. Le vêtement en ressort blanc, resplendissant de la lumière de Dieu. Le Christ s'est offert «une fois pour toutes» dans le but de laver les péchés de tous (Épître aux Hébreux 9,26). C'est la grande lessive, le détachant définitif et universel.

Et ce qui compte le plus, c'est qu'il est gratuit.

5

P comme propagande

Le premier publicitaire : Paul

Les gourous du marketing commettent souvent une erreur fondamentale. Convaincus que le public est prêt à accueillir le produit dont ils comptent inonder le marché, ils s'imaginent qu'il suffit de le présenter pour le vendre. Les caractéristiques de ce produit encore inconnu leur paraissent tellement évidentes et uniques qu'il leur semble même inutile d'en parler. Cette arrogance se solde en général par un échec ou de médiocres résultats, un luxe qu'on ne peut pas se permettre quand on veut conquérir le leadership.

Dans les campagnes de communication conçues par les directeurs marketing avec une précipitation digne de vendeurs ambulants, on privilégie la supériorité du produit, sans avoir établi auparavant son unicité ou sa crédibilité. Pourtant, sans ce préalable, aucun homme de communication ne peut élaborer un message convaincant. Si le public se contentait de promesses mal argumentées, ce serait pour des raisons échappant entièrement au contrôle de celui qui a choisi cette stratégie.

L'autre erreur classique des directeurs du marketing est de ne pas s'assurer qu'ils ont consolidé l'image de la marque auprès du public avant de passer à la communication de masse.

Paul ouvrit la voie aux grandes campagnes publicitaires du futur par une action ciblée de marketing direct*. Si ce moyen est conçu (et utilisé) pour vendre directement, Paul, en revanche, l'utilisa pour s'adresser aux leaders d'opinion. Cela permit de conforter l'image de marque et de préparer le terrain à l'étape finale de la publicité.

Pour cela, Paul adressa ses mailings à sept puissants groupes d'opinion (les Thessaloniciens, les Corinthiens, les Galates, les Romains, les Philippiens, les Éphésiens, les Colossiens) et à trois leaders qui devaient à leur tour jouer un rôle de catalyseurs par rapport à la marque (Philémon, Timothée et Titus). Farouche partisan de l'utilisation du marketing direct, Paul fut le premier gourou de la publicité postale, et par ce canal, il parvint à atteindre des sommets absolus de mysticisme, au point de voir des lettres partout.

> Vous êtes manifestement une lettre du Christ remise à nos soins, écrite non avec de l'encre, mais avec l'Esprit du Dieu vivant, non sur des tables de pierre, mais sur des tables de chair, sur les cœurs[1].

Paul fut également le premier à introduire la publicité comparative sous une forme directe. À plusieurs reprises, il proclame la primauté du christianisme comme marque, déclassant le judaïsme au rang d'une sorte de sous-marque

---

* Publicité postale et téléphonique. Il est ainsi défini parce qu'il permet de toucher la cible individuellement.

qui aurait échoué en dupant presque les consommateurs («Ainsi se trouve abrogée la prescription antérieure, en raison de sa faiblesse et de son inutilité – car la Loi n'a rien amené à la perfection –, et introduite une espérance meilleure, par laquelle nous approchons de Dieu», Épître aux Hébreux, 7, 18-19).

La passion de Paul envers la parole écrite se transmit aux hommes de communication qui lui succédèrent. Ceux-ci ne tardèrent pas à utiliser l'instrument de la publicité, car la prolifération de la concurrence remettait sérieusement en question l'unicité de l'Église de Rome.

Que se passe-t-il lorsqu'il n'est plus possible d'établir l'unicité? Il faut avoir recours à l'affirmation de la supériorité de la marque (*superiority statement*) et donc du produit. Après avoir convaincu la cible de la nécessité inéluctable de son choix, il faut la rassurer en lui disant qu'elle a choisi un produit supérieur aux autres, et même le meilleur qu'elle pouvait choisir.

Tel fut l'objectif du premier poster publicitaire de l'histoire, une campagne d'affichage dans un parfait style *teasing**, qui n'aurait pas déplu à David Ogilvy. Nous voulons parler de l'épitaphe d'Abercius, évêque de Hiérapolis, dont l'archéologue anglais Ramsay trouva deux fragments en Asie Mineure en 1883. Abercius avait quitté son siège dans la *Frigia Salutaris*** et effectué un long voyage entre 161 et 180 apr. J.-C., dans l'intention de connaître l'Église romaine. Le texte ambigu de sa fameuse épitaphe, aujourd'hui conservée au musée du

---

* L'emploi en publicité d'un message mystérieux en mesure de susciter la curiosité et l'attente.
** Une des deux régions de la Phrygie.

Vatican, semble se référer avec admiration à la grandeur de la Rome impériale : le Christ

> m'a fait entreprendre le voyage de Rome pour voir le règne et la reine à la robe et aux sandales d'or. J'y vis aussi un peuple portant un sceau brillant.

Cependant, comme l'a observé l'une des autorités les plus compétentes en la matière, Margherita Guarducci,

> il est inconcevable que le Christ en personne ait envoyé l'un de ses évêques à Rome exprès pour connaître de près le règne de Marc-Aurèle, pour contempler les beautés de la cité reine et pour constater la puissance du peuple romain. Sous l'interprétation évidente, il doit y avoir un sens plus profond que seul l'initié, c'est-à-dire le chrétien, est en mesure de saisir[2].

Le « règne » est certainement celui du Christ sur la terre, et la « reine » est l'Église universelle dont le centre se trouve à Rome.

En réalité, au IIe siècle, le culte chrétien, loin de s'être stabilisé, était encore en pleine phase de diffusion. Les chrétiens s'employaient à combattre les hérésies qui avaient surgi en leur sein, et subissaient une persécution après l'autre. Une épigraphe comme celle d'Abercius avait donc valeur de propagande pour un produit qui venait à peine d'être présenté sur le marché. Et pourtant, ce nouveau produit avait choisi les canaux de distribution les plus puissants : les grandes voies de l'Empire Romain et même, après Auguste, un réseau très efficace – nommé *cursus publicus* – organisé pour les courriers officiels, avec de très nombreux relais («*mutationes*») ouverts à tous. Les chrétiens se mirent à absorber les logiques internes et la grandeur de l'Empire, et même sa conception d'un marché global.

La plus grande campagne de positionnement

Il s'agit de la plus grande campagne de positionnement concurrentiel* dont l'histoire se souvienne. Grâce aux paradigmes de l'unicité et de la supériorité, le christianisme put se positionner dans le même segment de marché que ses concurrents directs, en prenant exactement leur place, jusqu'à ce que le pape Léon Ier (440-461) déclare officiellement que Pierre et Paul avaient remplacé Remus et Romulus comme patrons de Rome. La Vierge et les saints avaient remplacé les divinités païennes autrefois patronnes d'autres villes. Alors, la Rome chrétienne prit légitimement la succession de la Rome païenne[3].

Pour la propagande chrétienne, il n'était pas du tout important que l'Église de Rome fût effectivement la plus grande. En revanche l'association perpétuelle entre la Rome impériale et l'Église chrétienne installée dans ses murs était intéressante, elle a engendré de formidables effets de persuasion au fil du temps. Le fait d'associer l'image de la première communauté chrétienne à celle de l'Empire lui-même a permis de véhiculer efficacement une image d'autorité et de grandeur universelle du christianisme. Il s'agissait au fond d'un syllogisme semblable à celui-ci:

---

* Le positionnement est l'art d'occuper un lieu non seulement physiquement mais aussi et surtout en termes d'image.

Rome est la plus grande ville du monde (antique);
l'Église du Christ est aussi l'Église de Rome;
donc l'Église du Christ est la plus grande au monde.

En pratique, c'est un raisonnement innocent du type *non causa pro causa*, par le biais duquel se crée de façon erronée un nœud de causalité entre deux choses qui coexistent simplement (où l'on veut laisser entendre que ce qui est vrai d'un tout doit également l'être de ses parties). Cette stratégie est encore utilisée de nos jours par le marketing le plus grossier, qui invente des marques récupérant l'image du pays dominant, économiquement (par exemple les États-Unis) ou technologiquement (jusqu'à la fin des années 60, l'Allemagne, et, par la suite, le Japon). Pour ce faire, il suffit d'employer des noms rappelant le pays en question, voire d'insérer dans le logotype les couleurs nationales: la marque apparaît ainsi aux consommateurs comme meilleure que les autres (et en soi fournit une sorte de «garantie»), du seul fait qu'elle semble provenir du pays le plus puissant au monde.

Mais par rapport au marketing moderne, le christianisme des origines savait déployer une gamme d'arguments bien plus vaste. C'est ce que démontra Irénée, évêque de Lyon, qui peu après Abercius, entre 175 et 189, fixa définitivement l'idée de la suprématie de l'Église de Rome, la *potentior principalitas*, avec une invitation à adhérer à l'offre:

C'est avec cette Église, en raison de l'autorité de son origine, que doit être d'accord toute Église, c'est-à-dire les fidèles venus de partout[4].

L'objectif était de soustraire des clients aux marques concurrentes, les hérésies, qui offraient le même type de produit et imitaient trait pour trait la maison mère. Ainsi, faute de pouvoir établir l'unicité de la marque, on conjura le danger en tentant d'affirmer à tout prix sa supériorité. Les arguments utilisés par Irénée furent de quatre types différents, souvent combinés entre eux au sein d'un même raisonnement* :

Circulus in probando (petitio principii), c'est-à-dire le fait d'utiliser comme prémisse la conclusion visée :
a) l'Église de Rome est la plus grande et la plus importante,
b) donc l'Église de Rome est la plus qualifiée.

Argumentum ad populum, c'est-à-dire le fait de s'appuyer sur le constat que la thèse en question est partagée par un grand nombre de personnes :
a) l'Église de Rome est universellement connue,
b) donc l'Église de Rome est la plus qualifiée.

Argumentum ad verecundiam, c'est-à-dire le fait de recourir à l'autorité de quelqu'un. Une forme d'argumentation encore utilisée de nos jours dans la publicité, avec les *testimonials* :
a) l'Église de Rome a été fondée par les deux apôtres Pierre et Paul,
b) donc l'Église de Rome est la plus qualifiée.

---

* Pour chacune des quatre argumentations, nous indiquons ici le modèle prévalent.

Non sequitur, c'est-à-dire le fait de se fonder sur une prémisse qui n'a aucune connexion pertinente avec la conclusion du raisonnement :
a) l'Église de Rome jouit dans le monde entier d'une réputation de foi solide,
b) donc l'Église de Rome est la plus qualifiée.

Les techniques susmentionnées sont des sophismes, des raisonnements qui ne sont qu'apparemment corrects. En réalité, il s'agit de dispositifs rhétoriques capables d'annihiler les défenses de la logique [5]. Il est facile de reconnaître en eux certaines de nos formes habituelles de raisonnement, et cela nous permet de juger à quel point, justifiés par la «foi», ils sont parvenus à s'infiltrer dans nos processus cognitifs les plus communs. La persuasion, quand bien même elle s'exercerait de bonne foi, se marie ici admirablement avec la bonne «foi» de la cible et accomplit le miracle souhaité en la rassurant, en lui fournissant la confirmation recherchée.

Et voilà la stratégie de communication

Dans une stratégie de communication, quelle que soit la «promesse majeure» (*Unique Selling Proposition*), la crédibilité s'appuie sur la justification de cette promesse (*Reason Why*). Inutile de citer en exemple ce que nous avons dit de la période de crise du haut Moyen Âge, au cours de laquelle on bâtit un solide appareil justificatif pour soutenir la promesse, en unissant même la logique aristotélicienne à la foi. La continuelle relecture et auto-relecture de la Parole écrite est en effet le nerf d'une stratégie de communication qui se reformule sans cesse depuis deux mille ans.

Aux yeux d'un expert en marketing et en publicité de notre temps, le corpus de la doctrine de l'Église peut apparaître comme une immense trame de promesses et de justifications de promesses enchaînées entre elles, que n'étayent pas toujours des preuves démontrant leur validité (*Supporting Evidence*) et où la foi elle-même serait la preuve. Au cours de l'histoire, par exemple, de fréquentes actions de consolidation de la marque se sont succédé. Il ne s'agit naturellement que de quelques-unes des innombrables possibilités de lecture de ce spot publicitaire infini, et même de cette infinie campagne multisujet, à laquelle ont contribué un nombre considérable de *strategic planners*.

Nous présenterons ci-après un échantillonnage de preuves de l'existence de Dieu, tels que les supports de propagande catholique en usage dans les écoles de théologie les ont remâchées. Nous en extrairons les argumentations centrales en concluant par un exemple de slogan tel qu'un copywriter moderne pourrait le formuler.

● Origène (185-254)

Unique Selling Proposition: Le Dieu de l'univers est «le Dieu», et pas simplement «un Dieu».

Reason Why: Les dieux sont au contraire les images d'un prototype, car c'est de Lui qu'ils tirent leur forme.

Supporting Evidence: Tant il est vrai que Jean met l'article lorsque le terme *Dieu* se réfère au Créateur incréé de l'univers, et qu'il l'omet lorsqu'en revanche il se réfère au *Logos*[6].

Dieu est unique, méfiez-vous des contrefaçons.
Demandez toujours l'article original. Garanti par saint Jean.

- Grégoire de Nysse (335-395)

Unique Selling Proposition: Il existe un seul Dieu et sa nature est perfection absolue.

Reason Why: Parce que la notion de perfection n'admet aucune réduction, et la divinité ne saurait se concevoir là où subsiste la notion d'infériorité[7].

Seul Dieu est parfait. C'est Lui ou rien.

- Grégoire de Nazianze (vers 330 - vers 390)

Unique Selling Proposition: Dieu a été, est et sera de toute éternité.

Reason Why: Il possède en effet et renferme en Soi l'être tout entier, qui n'a pas eu d'origine et n'est pas destiné à finir[8].

Dieu. Fait pour durer.

- Augustin d'Hippone (354-430)

Unique Selling Proposition: Si je te montrais l'existence d'une réalité supérieure à nos esprits, tu reconnaîtrais qu'elle est Dieu.

Reason Why: En effet, s'il y a une réalité plus excellente, c'est elle plutôt qui est Dieu, s'il n'y en a pas, c'est la vérité elle-même qui est Dieu[10].

Dieu. Ça fait du bien de savoir qu'il existe.

- Boèce (480-524)

Unique Selling Proposition: Dieu est le bien suprême.

Reason Why: En vérité, il ne peut absolument rien exister dont la nature soit meilleure que son principe[11].

Dieu. La qualité totale.

● Pseudo-Denys (VIe siècle apr. J.-C.)
Unique Selling Proposition: Il n'est pas de nom qui nomme la nature divine laquelle est au-dessus de toute parole.
Reason Why: Car elle demeure inaccessible et insaisissable.
Supporting Evidence: Même quand nous l'appelons « Bien », ne croyons pas que ce nom lui convienne, mais il nous faut bien concevoir et exprimer quelque chose de son indicible nature et nous lui consacrons d'abord le plus vénérable des noms[9].

Dieu. Le mot suffit.

● Jean Damascène (650 environ-750 environ)
Unique Selling Proposition: Dieu est immuable.
Reason Why: Toutes les choses créées sont changeantes [...]. Il faut bien que l'artisan et créateur des choses soit incréé[12].

Tout passe, Dieu reste.

● Anselme de Canterbury (1033-1109)
Unique Selling Proposition: [Ce dont rien de plus grand ne peut être pensé] ne saurait exister dans l'intelligence seule.
Reason Why: Car, en supposant que cela soit, rien n'empêche de le concevoir comme existant aussi dans la réalité, ce qui est un mode d'existence supérieur au premier. Si donc ce dont rien de plus grand ne peut être pensé existe dans l'intelligence seule, il existe aussi quelque chose que la pensée pourrait concevoir comme étant plus grand. Et certainement cela ne peut pas être [13].

Dieu. Think big.

- Bonaventure de Bagnoregio (1221-1274)

Unique Selling Proposition: Dieu est souverainement un.

Reason Why: L'être porte tellement en soi sa réalité qu'il est impossible de le concevoir comme non-être: car l'être à l'état pur exclut entièrement le non-être. Observe qu'il n'a rien en soi que l'être lui-même: il est sans composition, essentiellement simple [14].

Dieu. Très certain. Très pur. Très simple.

- Thomas d'Aquin (1225-1274)

Unique Selling Proposition: Il doit y avoir un seul Dieu.

Reason Why: Car la multitude des choses humaines est mieux gouvernée par un seul que par plusieurs [15].

Dieu. S'il n'existait pas, il faudrait l'inventer.

- Pierre Olivi (1248-1298)

Unique Selling Proposition: En ceci, on voit combien la présence de Dieu est grande.

Reason Why: Qui la comprend bien voit que cette proposition, «Dieu existe», est tout à fait immédiate et nécessaire.

Supporting Evidence: Cet argument est démontré par saint Anselme[16].

**Dieu. Tellement évident
que ce n'est même pas la peine d'en parler.**

- Johannes Eckhart (1260-1327)

Unique Selling Proposition: Si Dieu n'existe pas, rien n'existe.

Reason Why: Un peu comme: si la blancheur n'existait pas, il n'y aurait rien de blanc [17].

Dieu. Sans lui, adieu lessive.

- Jean Duns Scot (1263-1308)

Unique Selling Proposition: Il ne peut y avoir deux êtres ou plus qui soient également premiers et parfaits.

Reason Why: Parce qu'il n'est pas possible de remonter à l'infini dans la série contingente des êtres [18].

Dieu. L'éternel premier.

- Guillaume d'Ockham (1285 environ-1349)

Unique Selling Proposition: Il faut ou procéder à l'infini ou s'arrêter à un agent qui conserve et n'est en aucune manière conservé.

Reason Why: Parce que tout ce qui est produit réellement par quelque chose est également réellement conservé par quelque chose, tant qu'il reste dans l'être réel [19].

Dieu. La seule conserve sans conservateur.

- Raymond Sebond (?-1436)

Unique Selling Proposition: L'homme ne peut comprendre ni penser en son cœur, ni désirer chose plus grande et meilleure que son Créateur.

Reason Why: Sinon l'homme serait plus grand par sa pensée que son Créateur par son existence [20].

Dieu. Il dépasse l'entendement.

- Nicolas de Cues (1400-1464)

Unique Selling Proposition: Il est en effet la forme de l'être, autrement dit la forme de toute forme formable.

Reason Why: La créature en effet qui n'est pas ce qu'elle peut être, n'est pas, tout simplement. Seul Dieu est, parfaitement et complètement [21].

Dieu. Pour être toujours en forme.

- Thomas Campanella (1568-1639)

Unique Selling Proposition: Dieu existe et se manifeste aux mortels non seulement par les arguments ordinaires de la nature, mais il habite l'âme des hommes, il les transforme en saints et prophètes, et il s'est manifesté par des signes extraordinaires.

Reason Why: Qui voudrait nier ces histoires confirmées par des miracles et des prophéties devrait également nier que Rome existe et que César ait existé, ainsi que tout ce qui s'écrit et se dit, de façon imprudente et insensée[22].

Dieu existe. Vrai de vrai.

Campanella est également l'auteur de certains madrigaux d'inspiration théologique, où le rythme d'une métrique chansonnière délaye les arguments classiques. Ils font partie des premiers exemples de *jingles* pour une campagne de masse. Et comme les compositions musicales de la publicité moderne, une certaine discordance résulte de la tentative de fondre une forme musicale connue et un texte technique qui énonce les caractéristiques du produit[23].

- Claude Guillermet de Bérigard (1578/91- 1664/67)

Unique Selling Proposition: L'existence du seul gouverneur du monde [...] qui récompense les bons et châtie les méchants est indéniable.

Reason Why: Car nous sommes tous certains des bénéfices divins et des peines[24].

Dieu. Plus vous y croyez, plus il vous récompense.

Autre campagne de soutien:

Unique Selling Proposition: Conformément à la révélation de

110

sainte Brigitte, tous ceux qui observent les lois naturelles, à quelque religion qu'ils appartiennent, seront sauvés.

Reason Why: Le Coran de Mahomet le dit aussi [25].

Dieu. Vivez sainement selon nature.
Même la concurrence le dit.

● Descartes (1596-1650)

Unique Selling Proposition: Puisque nous trouvons en nous l'idée d'un Dieu, ou d'un être tout parfait, nous pouvons rechercher la cause qui fait que cette idée est en nous, après avoir considéré avec attention combien sont immenses les perfections qu'elle nous représente, nous sommes contraints d'avouer que nous ne saurions la tenir que d'un être très parfait, c'est-à-dire d'un Dieu qui est véritablement ou qui existe.

Reason Why: Parce qu'il est non seulement manifeste par la lumière naturelle que le néant ne peut être auteur de quoi que ce soit, et que le plus parfait ne saurait être une suite et une dépendance du moins parfait [26].

Grâce à Dieu, je ne suis pas athée.

● Blaise Pascal (1623-1662)

Unique Selling Proposition: Nous ne connaissons Dieu que par Jésus-Christ.

Reason Why: Ceux qui ont prétendu connaître Dieu et le prouver sans Jésus-Christ n'avaient que des preuves impuissantes. Mais, pour prouver Jésus-Christ, nous avons les prophéties qui sont des preuves solides et palpables [27].

Dieu. La preuve, c'est Jésus.

● Fénelon (1651-1715)

Unique Selling Proposition: Toute la nature montre l'art

111

infini de son auteur. Or je soutiens que l'univers porte le caractère d'une cause infiniment puissante et industrieuse. *Reason Why*: Je soutiens que le hasard, c'est-à-dire le concours aveugle et fortuit des causes nécessaires et privées de raison, ne peut avoir formé ce tout. Qui croira que l'*Iliade* d'Homère n'ait jamais été composée par un effort du génie d'un grand poète, et que les caractères de l'alphabet ayant été jetés en confusion, un coup de pur hasard, comme un coup de dés, ait rassemblé toutes les lettres précisément dans l'arrangement nécessaire pour décrire dans des vers pleins d'harmonie et de variété tant de grands événements[28]?

Dieu. Ce n'est pas par hasard.

● Bossuet (1627-1704)

Unique Selling Proposition: L'idée même de bonheur nous mène à Dieu.

Reason Why: Car si nous avons l'idée du bonheur, puisque d'ailleurs nous n'en pouvons voir la vérité en nous-mêmes, il faut qu'elle nous vienne d'ailleurs: il faut, dis-je, qu'il y ait ailleurs une nature vraiment bienheureuse: que si elle est bienheureuse, elle n'a rien à désirer; elle est parfaite: et cette nature bienheureuse, parfaite, pleine de tout bien, qu'est-ce autre chose que Dieu[29]?

Dieu. Ravi de vous plaire.

● John Locke (1632-1704)

Unique Selling Proposition: Il y a un être qui existe de toute éternité.

Reason Why: En effet, ce qui n'était pas de toute éternité a eu un commencement; et ce qui a eu un commencement doit être produit par quelque chose[30].

Dieu. Le produit éternel.

112

- Gottfried Wilhelm Leibniz (1646-1716)

Unique Selling Proposition: Comme il y a une infinité d'univers possibles dans les idées de Dieu, et qu'il ne peut en exister qu'un seul, il faut que le choix de Dieu ait une raison suffisante qui le détermine à choisir l'un plutôt que l'autre. *Reason Why*: Et cette raison ne peut se trouver que dans la *convenance*, dans les degrés de perfection que ces mondes contiennent, chaque possible ayant droit de prétendre à l'existence à mesure de la perfection qu'il enveloppe[31].

Dieu. Exactement ce qui vous convient.

- Giambattista Vico (1668-1744)

Unique Selling Proposition: Dieu ne s'éloigne jamais de notre présence, même lorsque nous errons.

Reason Why: L'esprit en effet se manifeste en pensant, mais c'est Dieu qui pense en moi[32].

Dieu. Ne sortez pas sans lui.

- Samuel Clarke (1675-1729)

Unique Selling Proposition: L'être immuable et indépendant qui a existé de toute éternité sans avoir eu aucune cause externe de son existence doit être nécessairement existant. *Reason Why*: Cette nécessité ne doit pas être considérée comme un simple effet de la supposition de l'existence d'un tel être, mais doit, antécédemment à cette supposition, s'emparer de nos esprits, malgré que nous en ayons, et lors même que nous nous efforçons de supposer qu'il n'y a point d'être qui subsiste de cette manière[33].

Dieu. Le bien de première nécessité.

- Christian Wolff (1679-1754)

Unique Selling Proposition: Le monde et tout ce qui existe en

lui de façon contingente est le miroir de l'existence nécessaire de Dieu.

Reason Why: En effet, en tant que le monde et tout ce qu'il
contient est contingent, il n'a pas en soi la raison suffisante
de sa contingence, mais dépend, non seulement par sa
contingence, de l'existence nécessaire de Dieu, mais aussi
par son essence, de son intelligence [34].

Dieu. Tout bien réfléchi, il est nécessaire.

● Emmanuel Kant (1724-1804)
Le philosophe de Königsberg en arrive carrément à formuler une campagne de *teasing* en deux temps. Le premier ne mécontentait pas les laïcs. Le deuxième satisfaisait
les croyants eux-mêmes. Un chef-d'œuvre de stratégie
inégalé au cours des siècles.

Premier temps:
Unique Selling Proposition: Si je prends le sujet Dieu avec
tous ses prédicats ensemble et dis: Dieu est, ou: il est un
Dieu, je ne pose aucun prédicat nouveau du concept de
Dieu, mais seulement le sujet en lui-même avec tous ses
prédicats et, il est vrai, l'objet se rapportant à mon concept.
Reason Why: le réel ne contient rien de plus que le simplement possible. Cent thalers réels ne contiennent pas la
moindre chose de plus que cent thalers possibles [35].

Dieu. En un mot comme en cent, il est possible qu'il existe.
Mais le fait de le dire ne signifie rien.

Deuxième temps:
Unique Selling Proposition: Néanmoins, dans le problème
pratique de la raison pure [...] nous devons chercher à
réaliser le souverain bien (qui doit donc être possible).

Reason Why: Et puisque ce souverain bien n'est possible que sous la condition de l'existence de Dieu [...] il est moralement nécessaire d'admettre l'existence de Dieu[36].

Dieu. En pratique, il doit exister.

● Georg Wilhelm Friedrich Hegel (1770-1831)
Unique Selling Proposition: Dans la religion chrétienne, on sait que Dieu s'est révélé et Dieu est précisément ceci, le fait de se révéler.
Reason Why: La conscience de l'esprit fini est l'être concret, le matériau de la réalisation du concept de Dieu[37].

Dieu. Une affaire de conscience.

● Auguste-Alphonse Gratry (1805-1872)
Unique Selling Proposition: Dieu est la source des tendances et il en est aussi la fin.
Reason Why: Parce que le principe de transcendance est vrai comme la géométrie elle-même[38].

Dieu. La dernière tendance.

● Antonio Rosmini (1797-1855)
Unique Selling Proposition: L'être idéal est nécessaire, éternel, illimité, objectif. Mais l'être idéal est aussi subjectif, et en ce sens réel. Donc il y a un être réel nécessaire, éternel, illimité, etc., lequel est Dieu.
Reason Why: L'être essentiel est, avant tout autre, être. Mais l'être doit nécessairement être subjectif pour être tel[39].

Dieu. Objectivement subjectif.

● John Henry Newman (1801-1890)
Unique Selling Proposition: Le Dieu de l'Écriture est le Dieu du monde.

Reason Why: Dès qu'un homme s'est assimilé la doctrine de l'existence de Dieu, j'entends réellement et en vérité et non seulement en paroles, que ce soit par tradition de famille ou par les conclusions d'un raisonnement, s'il est monothéiste en vertu d'une appréhension directe, cet homme-là a déjà fait les trois quarts du chemin vers le catholicisme [40].
Dieu. Si vous y croyez, vous êtes certainement catholique.

● Sören Kierkegaard (1813-1855)
Unique Selling Proposition: Vouloir prouver l'existence de Dieu est le comble du ridicule.
Reason Why: Ou Il existe, et on ne peut le prouver (pas plus que je ne peux prouver l'existence de quelqu'un ; tout au plus puis-je en trouver des témoignages, mais j'en présuppose donc bien l'existence) ; ou Dieu n'existe pas, ce qui n'est alors pas non plus démontrable [41].
Supporting Evidence: Car «on ne peut le connaître qu'autant qu'on est connu» (première Épître aux Corinthiens 13,12), c'est-à-dire qu'autant qu'on se reconnaît connu [42].
Dieu, en démonstration.

● Franz Brentano (1838-1917)
Unique Selling Proposition: Les défenseurs de la téléologie ont raison de conclure que [...] la réalité du monde qui se trouve devant nous, dans lequel nous sommes immergés et dont nous vivons, suppose c'est-à-dire révèle l'existence d'une Cause primaire, c'est-à-dire d'une intelligence Suprême qui ne peut être autre que le Créateur du cosmos et de l'homme*.

---

* Bien que l'antinomie du jugement théologique exposée par Kant par rapport à la nature inanimée rende assez difficile cette conclusion.

Reason Why: Tout est en rapport avec tout. Tout présente une parenté générale avec le reste, est soumis à certaines lois d'une manière identique ou similaire[43].

Dieu. En veux-tu en voilà.

● Bernardino Varisco (1850-1933)
Unique Selling Proposition: La pensée unique et immédiate est Dieu et l'homme est sa créature.
Reason Why: La pensée humaine est un faire, précisément en tant qu'elle pense: donc Dieu, en créant l'homme, a créé subordonnément à soi, un créateur[44].

Dieu pense à vous. Pensez à lui.

● Karl Jaspers (1883- 1969)
Unique Selling Proposition: La forme rationnelle des pensées et l'être intuitif auxquelles elles se rapportent ne sont que le moyen terme par lequel la preuve proprement dite se produit grâce à l'expérience d'une radicale insuffisance; si l'on réussit à voir à travers le voile du langage rationnel, on découvre que chacune de ces preuves a sa source dans la conscience d'être de l'existence.
Reason Why: Leur force ne réside que dans la substance existentielle qui les remplit, dans l'actualité de l'être qui, devenu chiffre, permet de percevoir la transcendance. Contre mon doute, il est vain de recourir à une réfutation, il faut une action. On ne prouve pas la transcendance, on en témoigne. Le chiffre par lequel elle est présente pour moi ne s'actualise pas sans mon action[45].

Dieu. Il faut l'essayer pour y croire.

● Luigi Fantappiè (1901-1956)
Unique Selling Proposition: Vu qu'il est l'Être qui est la raison

117

de tout, [...] c'est en lui que doit se réaliser toute l'infinie rationalité possible.

Reason Why: Toutes les lois de l'univers naturel sont au fond données par un seul type d'équation et de dérivées partielles.

Supporting Evidence: La seule théorie des nombres, et donc à plus forte raison la mathématique entière, constituent un système infini de vérités, dans le sens le plus vrai et profond du terme infini, c'est-à-dire dans le sens qu'aucun esprit humain, toujours limité, ne pourra jamais le posséder entièrement. [...] La mathématique de nos jours ne peut plus être considérée comme une science de la nature, mais plutôt comme une véritable science métaphysique, une véritable « ontologie » [46].

Dieu. Mathématiquement, il existe.

● Wilhelm Friedrich Weischedel (1905-1975)

Unique Selling Proposition: La pensée sceptique, au moment où elle fait l'expérience du « mystère » comme propre origine et comme puissance dominant tout le reste, parle de Dieu.

Reason Why: En admettant le mystère comme réalité, et même comme réalité ultime, il semble qu'on se trouve nécessairement dans une position très proche de la mystique et de la foi chrétienne. Pour la mystique aussi, la réalité première est le mystère de Dieu.

Supporting Evidence: Le mystère est donc *das Unvordenkliche*, « ce qu'on ne peut penser d'abord », sans que pourtant on puisse proprement le penser comme tel. La connaissance de Dieu est pour cela autant connaissance que renoncement à la connaissance : c'est tourner autour du mystère [47].

Dieu. Même les sceptiques y croient.

La première agence de pub

Toutes ces contributions sont des apports spontanés de free-lances connus. Comme c'est encore le cas aujourd'hui, le travail des créatifs, bien qu'il constitue la partie la plus importante du *marketing mix*, n'avait pas de prix. Quoi qu'il en soit, il ne faut pas se laisser leurrer par l'apparente absence d'homogénéité des campagnes singulières qu'ils ont réalisées. On avait affaire, en amont, à une unique campagne, une unique stratégie de communication globale coordonnant chaque action, puisqu'il fallait que le Verbe parvienne là où il n'était jamais arrivé ou ne pouvait pas arriver. Cette question s'était posée relativement tôt au management:

À une certaine époque du Moyen Âge, l'Église de Rome fut confrontée à un grave problème théorique, et aussi pratique. Si une âme humaine ne peut gagner son salut qu'en reconnaissant la vérité du Nouveau Testament (la naissance, la vie, la mort et la résurrection de Jésus-Christ), qu'en était-il pour ceux qui n'avaient pas appris la Bonne Nouvelle?

Ce n'étaient pas des hérétiques, pas non plus des infidèles qu'il fallait massacrer ou envoyer au bûcher, mais des gens qui souffraient simplement d'une «ignorance absolue». On pouvait les diviser en deux catégories: ceux qui habitaient dans des parties du monde qui n'avaient pas encore été visitées ni touchées par la foi; et ceux qui étaient morts avant l'ère chrétienne. (Il y avait bien une troisième catégorie, composée principalement des disciples de Jésus lui-même, qui n'avaient, eux non plus, pas lu la Bible. Mais ils étaient, et ils restent, une catégorie à part.) On ne pouvait pas faire grand-chose pour ceux qui avaient déjà expiré avant la naissance du Christ, bien que Dante ait fait de son mieux pour eux et écrit des passages où l'on voit Jésus descendre aux enfers pour procéder à des rédemptions à effet rétroactif. Mais pour ceux qui vivaient en terre non chrétienne, il fut décrété que la conversion devenait un impératif[48].

Ce fut probablement à cette époque-là que l'idée de se doter d'une structure entièrement consacrée à la communication commença à mûrir. Le projet se concrétisa quelques siècles plus tard, après les vérifications nécessaires. Entre-temps, nous l'avons vu, des free-lances connus furent souvent utilisés pour consacrer l'esprit d'entreprise qui a toujours inspiré l'Église.

Mais alors, qui a inventé les agences de publicité ? Nous sommes désolés pour messieurs Ayer et Thompson, mais la fondation de la première agence remonte au XVIe siècle. Et aussi pour les frères Saatchi, car le concept de network global était déjà en place :

De 1572 à 1585, le pape Grégoire XIII réunit assez fréquemment trois cardinaux dans une congrégation de Propaganda Fide pour étudier les moyens d'action et d'organisation les plus aptes à combattre la Réforme. Clément VIII institue cette congrégation comme un organe permanent. Enfin la bulle *Incrustabili* l'organise complètement en 1622. Elle est composée de vingt-neuf cardinaux, présidée par un préfet, et comporte des branches de chaque pays de la Chrétienté, [...] son activité porte aussi sur tout ce qui concerne, on peut dire, une stratégie de l'Église et la mise en œuvre de moyens nouveaux, caractérisant une vraie propagande, en même temps que la réunion de toutes les informations possibles[49].

La publicité occupa alors la première place dans le budget de la Multinationale du sacré et dans ses stratégies de marketing. Dès le début, la Congrégation fut conçue comme une *house agency*, c'est-à-dire un organe interne à l'entreprise, ce qui allait permettre un contrôle plus étroit sur les messages publicitaires. C'était une attitude résolument d'avant-garde, moins cependant que le fait de concevoir toute la structure de l'entreprise, qui compte plus de deux cent vingt mille paroisses dans le monde entier, comme outil de communication. Et, quitte à étonner les stratèges du marketing actuel, on peut affirmer que les clients, les fameux «usagers finaux», à savoir plus de mille millions de personnes[50], sont eux-mêmes devenus des instruments de communication.

Il serait naïf de croire que tout cela ait pu résulter d'un simple bouche-à-oreille. Si, comme nous l'avons vu dans le premier chapitre, la marque est un vecteur de sens et si l'*ekklesia* est faite non seulement des hiérarchies ecclésiastiques mais aussi des fidèles rassemblés en un corps compact, alors les chrétiens eux-mêmes sont le média. Mieux, ils sont le message. Deux bons millénaires avant que McLuhan ne lance sa fameuse formule et l'applique aussi au christianisme:

> Nous parlons souvent du contenu des Écritures, en supposant que le contenu est le Message. Mais c'est faux. Le vrai contenu de la Bible, c'est la personne qui lit la Bible[51].

Le Verbe se transforme en livre et se venge du sacrifice cannibale dont il a été victime en phagocytant à son tour le lecteur. En d'autres termes, c'est un modèle économique parfait qui est réalisé, dans lequel production, communication et consommation coïncident. C'est le rêve secret de n'importe quel produit de grande consommation : se faire manger par des millions de personnes mais en réalité, au moment même où il est mangé, les dévorer. Et dans le cas qui nous intéresse, ce rêve se réalise pleinement.

Du *media planning* au *message planning*

L'Église a parfois été injustement accusée d'ambiguïté dans le contenu de ses messages officiels ou dans sa façon de les faire passer. Les déclarations récentes concernant l'existence de l'Enfer et du Paradis ont pu renforcer cette impression. En réalité, tout relève d'une planification savante. Ce que les publicitaires modernes entendent par « planification » reste encore assez primitif par rapport à la méthode mise au point par l'Église.

Procédons par ordre, en citant des exemples récents. En juillet 1999, le pape Jean-Paul II a déclaré que « le ciel, et la béatitude qui sera la nôtre, ne sont une abstraction ni un lieu physique parmi les nuages, mais un rapport vivant et personnel avec la sainte Trinité », tandis que le royaume des cieux est la « bienheureuse communauté de tous ceux qui sont parfaitement incorporés dans le Christ », parce qu'ils ont cru en lui et « sont restés fidèles à sa volonté »[52]. Les cieux où demeure Dieu et où les croyants méritoires peuvent monter sont donc à prendre comme une métaphore.

Ce message est en contradiction avec les précédentes définitions « officielles » dans lesquelles on entendait le Paradis comme une chose bien réelle. Sans compter la contradiction supplémentaire qui se crée par rapport à la conception de la résurrection des corps après le Jugement dernier, doctrine demeurée intacte jusqu'à nos jours. Mais en admettant que le Paradis soit une métaphore, comment concilier cette définition avec la présence réelle du démon et l'existence concrète de l'Enfer dont le pape lui-même est convaincu?

Par ailleurs, selon le cardinal et théologien Hans Urs von Balthasar, l'Enfer existe mais «il est vide», parce que la miséricorde infinie de Dieu ne pourrait vouloir la mort spirituelle éternelle d'un être humain. Les Jésuites répliquent en soutenant que l'Enfer existe et brûle avec nous, mais que la damnation éternelle n'est réservée qu'à celui qui «accomplit un acte d'orgueil, se préfère à Dieu, en substance nie Dieu pour affirmer sa propre personne» [53].

Comment expliquer cette succession ininterrompue d'affirmations apparemment contradictoires?

C'est simple. En publicité, la «couverture» d'un message est planifiée selon des critères tenant exclusivement compte de la fréquence, de la durée de l'exposition au message et du nombre de personnes de la cible qui y sont exposées. L'Église en revanche planifie en tenant compte d'au moins deux paramètres: les contenus des messages et la typologie des personnes auxquelles chacun d'eux est adressé. Ainsi est-il possible d'envoyer sur les ondes un certain message en même temps qu'un autre de contenu pratiquement opposé. Deux avantages à cela: saturer la communication en empêchant que d'autres puissent transmettre, et surtout plaire au plus grand nombre possible de personnes. Il a fallu deux mille ans avant qu'on ne découvre que «sur le marché moderne ce ne sont pas des produits qui entrent en compétition, mais surtout des messages [54].»

Il en est allé ainsi depuis le début. Lorsqu'il s'agissait de conquérir la quasi-totalité du public, l'Église a toujours su exprimer sa position mais lorsqu'il le fallait elle a également su éviter de l'exprimer, afin de ne pas risquer de déplaire à certains. Pour en donner un exemple, si les dictateurs et les tyrans des différentes époques n'ont jamais été excommuniés, c'est probablement parce qu'à leur manière ils constituaient un point de référence pour des millions de personnes et que c'eût été dommage de perdre toute cette audience. Comme c'est encore actuellement le cas pour les représentants de la mafia, lesquels obtiennent qu'après leur mort on célèbre des messes à leur intention pour les tirer du Purgatoire et les faire admettre au Paradis. Un lieu qui, s'il est destiné à n'accueillir que ceux qui ont œuvré pour le bien de l'humanité ou qui en tout cas n'ont pas eu la possibilité de faire le mal, est déjà peuplé d'une foule de théologiens, de saints sexophobes, de bigotes et autres personnages très ennuyeux. Heureusement, le Paradis n'est qu'une métaphore d'après Jean-Paul II, parce que s'il existait vraiment il aurait besoin d'une bonne campagne publicitaire.

Quant à la déontologie professionnelle, un code d'autodiscipline n'est nullement nécessaire. Comment les détenteurs de la Vérité pourraient-ils proférer des mensonges?

En tout état de cause, il convient cependant de ne pas exclure cette possibilité: outre l'infaillibilité dont l'Église s'est dotée à plusieurs reprises (voir chapitre 1, note 47), Origène parvint à théoriser l'utilisation du mensonge économique ou pédagogique, c'est-à-dire «dans une bonne intention». Il défendit la fonction de la tromperie, en démontrant la nécessité du mensonge (*necessitas mentiendi*) comme condiment et médecine (*condimentum atque medicamen*)[55]. C'est une liberté inconnue des publicitaires actuels, qui savent tout au plus mentir par omission.

Les nouvelles frontières de la propagande

Mais on ne peut s'en tenir à la publicité classique pour comprendre l'ampleur de la stratégie utilisée par l'Église. La béatification d'un nouveau saint est également une forme de propagande. C'est un processus qui mêle admirablement communication et *fund raising**, parce que pour activer un procès de béatification, une simple requête de la part des fidèles ne suffit pas: ces derniers doivent aussi contribuer financièrement pour «faciliter», en quelque sorte, l'opération.

Alors que ses prédécesseurs, en quatre cents ans, ont procédé en tout à 999 béatifications et sanctifications, on en doit 1255 au dernier pape du millénaire, grand homme de communication s'il en est, en seulement vingt et un ans de pontificat. Et 2000 autres sont en cours[56].

De plus, il est absolument gratuit d'inventer des saints patrons adaptés à n'importe quelle occasion. Parmi les nouveaux patrons d'invention récente, il faut compter les protecteurs du peuple des cybernautes, saint Isidore, saint Pedro Regalado et sainte Thècle. Un groupe de travail nommé officiellement par l'Église a passé au crible leurs biographies à la recherche du protecteur approprié pour Internet. La sollicitation a semble-t-il été adressée au Conseil pontifical pour les communications sociales.

---

* Terme par lequel on définit toutes les activités de récolte de financements de la part d'une organisation à but non lucratif.

La candidature de saint Isidore a dépassé les deux autres dans les grandes largeurs, ainsi que l'a confirmé Ecumenical News International, une organisation siégeant à Genève et sponsorisée par le Concile mondial des Églises, par la Fédération mondiale luthérienne, par l'Alliance mondiale des Églises réformées et par la Conférence des Églises européennes. Isidore, évêque de Séville (556-636), participa au concile de Tolède en 633 et rédigea les *Etymologiae*, un dictionnaire en vingt volumes couvrant tous les sujets, de la médecine à l'agriculture, des sept arts libéraux à l'architecture, avec les caractéristiques d'un véritable hypertexte.

Que dire des autres concurrents? Saint Pedro Regalado (1390-1456) a été parmi les premiers saints à disposer d'un site pour lui tout seul, et les fidèles espagnols l'ont promu au rang de *Patrón de los internautas*. Il s'agit d'un saint déjà assez « impliqué », officiellement, en tant que patron de la ville de Valladolid où il naquit, mais aussi officieusement, en tant que protecteur des toreros. Le choix de ce saint comme protecteur du cyberespace serait à attribuer à son prodigieux don d'ubiquité. Un peu comme chez celui qui utilise *telnet* ou qui se connecte à plusieurs réseaux de *chats* simultanément.

Quant à sainte Thècle, très populaire en Catalogne, elle dispose carrément d'une chapelle virtuelle*, où l'on peut solliciter des réparations miraculeuses du disque dur (*Encomana a Santa Tecla tots aquells problemes informatics que t'impedeixen de navegar amb condicions. Ella manarà de resoldre'ls, si li dispenses la devoció que mereix*: « Confie à sainte

---

* Sur le site http://www.antaviana.com/capella/

126

Thècle tous les problèmes informatiques qui t'empêchent de naviguer dans de bonnes conditions. Elle fera en sorte de les résoudre si tu lui accordes la dévotion qu'elle mérite ») ainsi que se confesser en ligne.

Mentionnons également le menu indiquant les péchés les plus fréquents sur le réseau (depuis la pratique du *mail bombing,* au fait de retarder l'horloge de l'ordinateur pour éviter de payer le logiciel qu'on est en train d'essayer, en passant par la visite des sites pornos). Ce sont moins les œuvres de saint Isidore que leur caractère hypertextuel qui a paru déterminant au Conseil pontifical pour les communications sociales. Encore une fois l'Église a accordé plus d'importance à l'aspect textuel.

Maîtres en relations publiques

Les RP sont un autre secteur de la communication dans lequel l'Église investit beaucoup. À cela près que, tandis que les hommes des relations publiques conçoivent leur pratique comme une stratégie de groupe, Jean-Paul II avait compris que la meilleure façon d'entretenir des relations était de faire cavalier seul. L'effet était absolument convaincant. En ce sens, l'activité de RP exercée par le pape en personne a eu l'impact d'une multinationale de relations publiques agissant à un niveau mondial. Voici certains chiffres relatifs à ses vingt premières années de pontificat, rendus publics en 1998 :

– 84 voyages internationaux et 115 pays visités dans tous les continents ;
– 132 voyages en Italie et 269 localités concernées ;

– 170 pays avec lesquels le Saint-Siège entretient des rapports diplomatiques (au moment de son élection, ils étaient 90);

– plus de 1000 personnalités politiques du monde entier rencontrées;

– 157 promotions de cardinaux dans 7 consistoires;

– 13 encycliques;

– 10 exhortations apostoliques, 10 constitutions apostoliques;

– plus de 70 000 pages d'écrits et de discours;

– 274 paroisses romaines visitées;

– 137 jours passés à l'hôpital, entre hospitalisations (6 en tout) et visites de contrôle;

– 14 prisons dont il a rencontré les détenus;

– environ 14 millions de fidèles provenant de tous les coins du monde, qui ont participé aux 877 audiences générales de Jean-Paul II [57].

Formidable!

La propagande de notre Multinationale utilise des moyens hétérogènes pour renouveler la fidélisation, y compris l'organisation de grands événements, tous conçus pour devenir une «fête de la marque», parmi lesquels le jubilé est le plus fastueux, selon les souhaits de celui qui l'institua.

Dans l'Ancien Testament, le jubilé (qui se déroulait alors tous les cinquante ans) était célébré avec une solennité particulière, parce qu'il apportait la «libération» générale d'une condition de misère, de souffrance ou d'exclusion. La Loi (Le Lévitique 25,8-55; 26,16-25) décrétait qu'à l'occasion de l'année jubilaire, les individus rentraient en possession de la terre ayant jadis appartenu

128

à leurs pères, et les esclaves étaient libérés. L'année sainte était donc considérée comme une sorte de régulateur social. C'était un rendez-vous attendu par les pauvres pour récupérer les biens qu'ils avaient perdus (dont la liberté), et en même temps il rappelait aux riches que les faibles, une fois qu'ils avaient recouvré le bien-être qui était autrefois le leur, pourraient revendiquer leurs droits.

Selon Luc, Jésus transforma les préceptes de l'année jubilaire en grande perspective idéale, où l'émancipation, le pardon et le début d'un «an de grâce» du Seigneur acquerraient une nouvelle signification (Évangile selon Luc 4,16-30). L'Église s'appropria cet événement sous le pontificat de Boniface VIII en 1300. Sa bulle *Antiquorum habet fide digna relatio* invitait les chrétiens à visiter les deux basiliques patriarcales de Saint-Pierre et Saint-Paul-hors-les-Murs «pendant trente jours consécutifs chacune, ou en alternance, et au moins une fois par jour[58]». La «Bonne Nouvelle» qui devait être annoncée pendant cette période finit bien vite par se confondre avec les bénéfices obtenus: l'idée de pouvoir obtenir quelque chose en se rendant à Rome fit croître au fil du temps un immense réseau commercial.

Bien que Pierre ait mis les chrétiens en garde contre les faux maîtres qui utiliseraient le marketing auprès du peuple de Dieu (deuxième Épître de Pierre, 2,1-3), les papes n'eurent aucun scrupule à appliquer une étiquette de prix sur les messes, les prières et sur les indulgences; c'est ainsi que l'ouverture des portes sacrées devint historiquement l'inauguration de la plus grande promotion sur le lieu de vente, maladroitement imitée bien des siècles plus tard par des opérations du type «portes ouvertes chez Renault».

Pour le jubilé de l'an 2000, une opération de concession de licences a carrément été lancée en grande pompe autour du label officiel approuvé par le Vatican. Comme le rapporte l'hebdomadaire *Panorama*:

Afin d'obtenir la licence exclusive en Italie ou dans le monde, les entreprises ont signé un contrat avec le Comité central pour le jubilé, stipulant qu'elles devaient garantir le paiement de royalties oscillant entre 7 % et 10 % des ventes. Pour les 14 sociétés qui ont obtenu l'exclusivité mondiale sur certains articles, les règles étaient extrêmement strictes: interdiction absolue de fournir des informations sur les contenus du contrat, y compris les royalties, et même, interdiction de faire voir le contrat. Les contrevenants encouraient des amendes salées, jusqu'à des centaines de millions de lires[59].

Parmi les objets promotionnels nés de ces accords se distinguait le «kit du pèlerin», une boîte rouge contenant tout le nécessaire pour profiter le mieux possible du jubilé: une bougie, une carte téléphonique de cinq mille lires, un petit recueil des enseignements de Jean-Paul II, une image pieuse, une casquette et un T-shirt avec le label du jubilé, le tout produit par Terzo Millennio, société dirigée par Giovanna Flajani, l'épouse du marquis Alessandro, personnage très accrédité – comme par hasard – auprès du Saint-Siège.

Actuellement, après la crise de l'*advertising*, on parle de *communication mix*, un ensemble de techniques complémentaires contribuant à élargir l'horizon restreint de la publicité. Tout peut devenir publicité. Même le rien. Et notre Multinationale a été évidemment la première à le comprendre. Un exemple magistral en a été la révélation du «troisième secret de Fatima», en plein jubilé. À cette occasion, le Vatican est parvenu à attirer l'attention générale, bien que le contenu des fameuses «prophéties» ait déjà été rendu public par les Jésuites (après les faits, évidemment), et que l'attitude officielle précédemment adoptée par l'Église à leur sujet ait été plutôt distante.

Et pourtant, l'emploi de la publicité a rencontré de farouches oppositions à l'intérieur de l'Église même. Peu avant sa mort, le théologien Hans Urs von Balthasar écrivait:

> Nous vivons à une époque où la propagande, la réclame, la technique publicitaire sont devenues un grand pouvoir. Il est préoccupant de voir comment certaines communautés chrétiennes actuelles se font elles-mêmes de la propagande, souvent adressée à des adolescents qui se laissent ferrer par ces moyens subtils et rusés. Je possède toute une collection (internationale) de lettres de protestation de parents trompés auxquels une institution ou un mouvement de l'Église a ravi [sic] les enfants. On trouve derrière ce prosélytisme la conscience (plus ou moins vive) d'un groupe qui croit représenter l'Église catholique dans son intégrité, de la façon la meilleure et la plus efficace. Les saints fondateurs d'ordres, tels François ou Ignace, n'ont jamais fait de propagande pour eux-mêmes, mais pour le règne de Dieu [...]. De façon tout à fait curieuse, l'idéal personnel de pauvreté se conjugue aujourd'hui (comme au Moyen Âge ou à l'Époque baroque) avec la richesse de la communauté. Mais le peuple nourrit de sérieux doutes face à cette union. Des statistiques ont démontré qu'en France les territoires se trouvant à proximité des riches abbayes sont déchristianisés à l'extrême [60].

L'image d'une Église puissante et riche, qui devrait rassurer les masses en raison de son importance protectrice, a certainement produit des réactions contraires. Mais à la longue, elle s'est avérée convaincante.

Somme toute, des critiques comme celles de Balthasar peuvent être reçues avec indulgence, quitte à réaffirmer la valeur d'autres passages (moins critiques) de ses spéculations en faisant ainsi preuve de grandeur. Face aux masses, la grandeur de la marque dissipe l'obscurité de l'incertitude. Et engendre la foi.

6

Benchmarking et techniques de pointe

La recherche de l'excellence

À l'apogée de la civilisation de consommation, toute entreprise, privée ou publique, s'est tôt ou tard trouvée confrontée au changement imprévisible de facteurs stratégiques – le concept de qualité ou le goût du public – jusque-là considérés comme stables.

Avec la globalisation des marchés, la comparaison en termes de prix, de qualité et de technologies, face aux concurrents des zones géographiques les plus disparates est devenue inévitable. La technique du *benchmarking* – à savoir «l'analyse des produits et services offerts par les concurrents les plus performants ou les leaders des différents secteurs du marché[1]*» – a permis de pallier ces inconvénients, en donnant au management d'une entreprise le moyen d'identifier les meilleures performances, de faciliter les choix, et d'atteindre ainsi des «qualités compétitives».

---

* On peut aussi définir, de façon plus efficace, le *benchmarking* comme la recherche des pratiques susceptibles d'entraîner des prestations supérieures à celles obtenues jusque-là.

On peut «faire du *benchmarking*» à partir de n'importe quoi, pourvu que la comparaison soit possible et puisse servir le succès de l'entreprise.

Curieusement, la première entreprise qui introduisit le *benchmarking* ne fut pas la compagnie Xerox au début des années 80, comme le voudraient les textes sacrés américains, mais, encore une fois, l'Église, ainsi que le montrent les Écritures saintes. Peu importe que par la suite cette technique ait été peu à peu adoptée par d'autres multinationales telles Motorola, Procter & Gamble, IBM, et même Fiat.

> Non, frères, je ne me flatte point d'avoir déjà saisi [la perfection]; je dis seulement ceci: oubliant le chemin parcouru, je vais droit de l'avant [...]. Nous tous qui sommes des «parfaits», c'est ainsi qu'il nous faut penser [...]. En attendant, quel que soit le point déjà atteint, marchons toujours dans la même ligne. Devenez à l'envi mes imitateurs, frères, et fixez vos regards sur ceux qui se conduisent comme vous en avez en nous un exemple [2].

Certes, avant d'arriver à cette ouverture totale vers l'extérieur récemment entérinée par le concile Vatican II, le management de notre Multinationale a commis quelques erreurs tactiques, péchant peut-être par ingénuité.

Dans un premier temps, les décrets de Théodose se contentèrent de formuler en 391 des principes généraux sur les rapports avec la concurrence, peut-être à la lueur déjà consciente des désavantages que cette comparaison pouvait comporter. En effet, mal utilisé, le *benchmarking* peut se réduire à une simple analyse des performances, sans pousser à revoir les pratiques de l'entreprise. Et une approche trop neutre, si elle permet d'éviter les contacts trop étroits avec la concurrence, est moins efficace précisément pour cette raison.

Cependant, lorsque le christianisme devint la religion officielle de Rome, l'idée d'éliminer «physiquement» la concurrence prit corps timidement. Jusqu'à ce qu'en 532, sous Justinien, on en vienne à transformer environ quarante mille païens en *desaparecidos* dans l'hippodrome de Byzance. Puis ce fut le crescendo : les persécutions spectaculaires de Tibère II envers les juifs, les samaritains et même une autre communauté chrétienne encore présente sur le marché, les montanistes [3].

Par la suite, du XIIIe au XVIe siècle, la Sainte Inquisition, soutenue par une longue série d'ordonnances papales, s'efforça de mieux concrétiser cette démarche, malgré certaines difficultés de mise en œuvre.

Quelle marque actuelle ne souhaiterait pas, secrètement, pouvoir éliminer ses concurrents ? Qui, parmi les managers de Knorr, pourrait nier avoir rêvé au moins une fois de capturer les dirigeants de Maggi et de les faire cuire dans leur bouillon ? Probablement, ils n'ont fait qu'en rêver. Tandis que la grandeur de l'Église tient précisément au fait que pour elle, il n'y a pas de demi-mesures, même dans l'expérimentation.

Afin d'obtenir du *benchmarking* les résultats souhaités, il faut sans cesse revoir l'optique d'intervention, qui ne doit être ni trop ambitieuse ni trop bornée : après quatre interventions des croisés contre les Albigeois et des démonstrations de force comme celle de Béziers en juillet 1209, au cours desquelles quelque soixante mille personnes sans défense furent exécutées, même les managers les plus impulsifs de l'Église apprirent à doser leur énergie. La précipitation n'est certainement pas un facteur favorisant le *benchmarking* : elle risque de réduire cette technique à un gaspillage inutile d'efforts et de ressources. Torquemada a fourni un modèle inégalable de méthode et de dosage des énergies.

Il faut ajouter que le processus de *benchmarking* ne manifeste toute son efficacité que si l'on a soigneusement planifié au préalable le système des communications au sein de l'organisation, et si l'on a obtenu l'accord de la haute direction et du management tout entier. En définitive, les bénéfices induits par cette approche sont nombreux, mais ses limites principales tiennent avant tout à une mauvaise mise en œuvre.

À une époque plus récente, lorsque ces limites furent tout à fait claires, et qu'il parut évident au management que pour pratiquer le *benchmarking* il fallait maintenir en vie la concurrence, il ne resta plus qu'à mettre à profit les expériences accumulées et pratiquer la véritable comparaison. Curieuse coïncidence, cette activité fut justement coordonnée par ceux qui avaient jadis géré l'Inquisition, de conserve avec les Dominicains : les Jésuites.

Le *benchmarking* par quatre

Il existe quatre types fondamentaux de *benchmarking* : le *benchmarking* de concurrence, le *benchmarking* fonctionnel, le *benchmarking* interne et le *benchmarking* générique.

Le benchmarking de concurrence
Sa finalité est de comprendre les mécanismes qui ont permis aux concurrents les plus performants d'obtenir l'avantage. Il s'agit d'ordinaire d'un *benchmarking* de pro-

duit ou de service qui précède et suit la vente. Cette approche est la plus complexe, parce qu'elle suppose la collecte d'informations auprès de concurrents quasi directs, afin de découvrir les stratégies adoptées par les meilleurs d'entre eux pour satisfaire leur clientèle. Le choix de la méthode appropriée pour recueillir ces données est délicat: en effet, l'échange d'informations ne peut avoir lieu que par l'entremise d'un tiers, la confidentialité et l'anonymat étant normalement de rigueur. La Compagnie de Jésus, ordre fondé par Ignace de Loyola très versé dans l'étude et l'analyse de la concurrence, sut répondre à ces exigences et mettre en place une sorte d'*intelligence service* qui parvint en de nombreuses occasions à s'infiltrer au sein des cultes religieux les plus performants pour en ramener une précieuse moisson d'informations utiles à l'élaboration de nouvelles stratégies pour l'Église.

Le père jésuite Hugo Enomiya Lassalle a été le protagoniste d'un des cas exemplaires (*case histories*) les plus récents. Né en Allemagne, à Nieheim, en 1898, Lassalle s'installa en 1929 au Japon. Outre son travail de missionnaire, il enseigna l'allemand à la Sophia University, à la Hiroshima University et à la Cadet School, puis la religion comparée à la Music University Elisabeth d'Hiroshima. En 1968, il se fixa au centre zen de Shinmeikutsu près de Tokyo.

Le père Lassalle est devenu un auteur très populaire au début des années 70, en plein phénomène hippy, grâce à la publication de certains essais dans lesquels il comparait zen et christianisme en dégageant de nombreux points communs[4]. L'activité de Lassalle a probablement été inspirée par la préoccupation des hautes hiérarchies face à l'énorme diffusion du bouddhisme auprès de la jeunesse au cours de ces années-là. Le bouddhisme, surtout sa branche extrême mahayana, le zen, se présentait comme une sorte de non-religion, sans divinité, sans ministres du culte, sans panthéon de saints. Aussi rigoureuse que le christianisme, elle était fondée, en revanche, sur l'auto-conscience. Lassalle se livra à un travail titanesque de *benchmarking* en découvrant des identités communes, sans doute aussi là où il n'y en avait pas.

L'un des points fondamentaux de l'enquête de Lassalle est l'application du patrimoine du zazen au milieu chrétien. En effet, selon le jésuite, des ressemblances remarquables existent entre la méditation chrétienne et la méditation bouddhiste, et la seconde peut jouer un rôle tout à fait propédeutique par rapport à la première. Mais face au noyau de la méditation zen, c'est-à-dire la conception du «vide mental», l'*horror vacui* se déclenche. Il n'est pas possible de faire le vide mentalement, parce que cela pourrait s'avérer très «dangereux» selon les maîtres spirituels chrétiens. Il ne reste donc plus qu'à le «remplir» par la doctrine de Jésus.

> Une fois cet état obtenu, la méthode est différente de chaque côté. Dans la méditation chrétienne, le vide doit être comblé par des sujets appropriés pour la méditation; il faut entendre par là non des sujets qu'on va chercher à l'extérieur, mais des sujets qui se trouvent déjà d'une certaine manière à la disposition de l'âme dans le subconscient. Ils peuvent appartenir à l'ordre naturel ou à l'ordre surnaturel (profane ou religieux). Dans le dernier cas, ce seront de préférence des mystères de la vie ou de la Passion du Christ qui par une considération fréquente du type ordinaire ont été profondément gravés dans l'âme [5].

Une attitude apparemment colonialiste l'empêche *in extremis* de franchir le pas et d'admettre qu'il y a quelque chose de valable de l'autre côté – en l'occurrence, l'idée que le vide mental n'est pas du tout un vide de valeurs, mais qu'il constitue une valeur en soi. Ce qui le retient, c'est le constat suivant: le vide est sans aucun doute une valeur au sein d'un autre système culturel, mais c'est précisément la raison pour laquelle il ne l'est pas dans le nôtre.

La recherche de Lassalle, tout à fait documentée et approfondie (au point de tromper jusqu'aux Japonais qui crurent à sa bonne foi), évite soigneusement la comparaison avec la vraie pratique et demeure ancrée dans son propre point de vue. Nous croyons en revanche fermement à la bonne foi des Jésuites, comme à celle de Jean-Paul II lorsqu'il écrivait:

Nous, chrétiens, nous observons avec une stupeur intime, mais avec l'attitude critique qui s'impose, comment dans toutes les religions, depuis les plus anciennes maintenant disparues, jusqu'à celles présentes aujourd'hui sur la planète, on cherche «une réponse aux énigmes cachées de la condition humaine: la nature de l'homme, le sens et la finalité de notre vie, le bien et le mal, l'origine et la raison d'être de la douleur... d'où nous tirons notre origine et vers quoi nous tendons». Conformément au concile Vatican II, dans sa Déclaration sur les relations de l'Église avec les religions non chrétiennes, nous réaffirmons que «l'Église catholique ne rejette rien de ce qui est vrai et saint dans ces religions», car il n'est pas rare qu'elles reflètent «un rayon de la vérité qui illumine tous les hommes» [6].

On peut donc admettre la profondeur des autres religions mais, pour les détenteurs de la vérité, il ne s'agit que d'«un rayon». Le *benchmarking* qu'on tente ici de mettre en œuvre a peut-être comme unique motivation la confirmation (comme s'il en était besoin) de ce que tout chrétien est déjà en mesure de se confirmer à lui-même : l'absolue supériorité du christianisme à tous les niveaux, y compris celui de la méditation. En fin de compte, quel besoin y a-t-il d'aller chercher ailleurs quand on possède déjà le mieux du mieux ?

Le benchmarking fonctionnel
C'est une approche centrée sur les méthodes de gestion et les performances d'une aire fonctionnelle ou plutôt, dans le jargon du marketing, d'une SBA (*strategic business area*). En pratique, sa finalité principale est de comparer des phases de processus présentant une certaine homogénéité entre elles. Le producteur de voitures Ford nous en fournit un exemple récent en choisissant comme référent la firme Xerox – elle-même un vétéran de cette pratique – qui fabrique pour sa part des photocopieuses ; l'échange d'informations s'est produit plus librement, justement parce qu'il ne s'agissait pas de véritables concurrents.

Les activités du GRIS (Groupe de recherche et d'information sur les sectes), dont le statut a été reconnu par la CEI en 1990, s'inscrivent dans cette même ligne méthodologique. Citons, en illustration, le texte d'une de leurs affiches :

UNIVERSITÉ PONTIFICALE
SAINT-THOMAS D'AQUIN «ANGELICUM»
INSTITUT SUPÉRIEUR DES SCIENCES RELIGIEUSES
«MATER ECCLESIAE»

Siège des cours:
Largo Angelicum, 1 (via Nazionale), 00184 Rome
Tel. 06/6702358
Programme des deux cours de formation et de mise
à niveau pour enseignants, organisés par l'Institut
supérieur de sciences religieuses «Mater Ecclesiae» de
l'Université pontificale Saint-Thomas d'Aquin
«Angelicum», Rome: le premier cours, «Le New Age au
Cinéma», est réalisé en collaboration avec l'Organisme
du Spectacle; le deuxième cours, «Les sectes et la
religiosité alternative», est réalisé en collaboration avec
le GRIS.

Vendredi 20/2/1998 16h00-17h30:
Discours d'ouverture aux deux cours
JEAN VERNETTE (Responsable du Service national
«Pastorale, Sectes et Nouvelles Croyances», Montauban,
France). *Le New Age. Une révolution culturelle et une nouvelle
religion mondiale à la veille de l'an 2000 et de l'ère du Verseau?*

LES SECTES ET LA RELIGIOSITÉ ALTERNATIVE
Directeurs du cours: G. Marco Salvati, o.p., Giuseppe
Ferrari. Jour et horaire des leçons: vendredi, 16h00-
17h30.

LE NEW AGE AU CINÉMA
LE DIEU DE LA CALIFORNIE: URGENCE D'UNE ANALYSE CRITIQUE
Directeurs du cours: G. Marco Salvati, o.p., Claudio
Siniscalchi. Jour et horaire des leçons: mercredi, 17h00-
19h00.
Programme du cours:
25/2/1998: Le relativisme religieux à la fin du second

millénaire et son reflet dans la production cinématographique;
4/3/1998: Le New Age dans le contexte théologique et œcuménique actuel;
11/3/1998: Introduction à l'utilisation du film comme source de réflexion théologique et culturelle;
18/3/1998: Le dieu de la Californie: de la *Jesus Revolution* à l'aube de l'ère du Verseau;
25/3/1998: Le New Age: un nouveau paradigme culturel et cinématographique;
1/4/1998: L'industrie cinématographique découvre le réenchantement du monde;
22/4/1998: Communiquer avec l'au-delà: anges, présences mystérieuses;
29/4/1998: Le phénomène des X-Files;
6/5/1998: Le gnosticisme, vraie religion du New Age;
13/5/1998: Le retour de l'Antéchrist;
20/5/1998: Écrans de l'Apocalypse.

Le cours s'appuiera sur les films emblématiques suivants pour aborder l'un des mouvements les plus à la mode, qui pénètre le tissu de l'Occident sécularisé de façon aussi efficace que rapide, à la fin d'un deuxième millénaire fortement marqué par des frénésies auto-purificatrices, symptômes du gnosticisme de masse: *Jésus-Christ Superstar, Hair, Ghost, Phénomène, Cocoon, Rencontres du troisième type, Strange Days, Seven, Usual Suspects, Jerry Mcguire, The Sunchaser, Dead Man, Michael, Qualcuno dal cielo,* certains épisodes des séries télévisuelles *X-Files* et *Millenium.*

Vendredi 29/5/1998 17h00-19h00:
Conclusion des deux cours
Table ronde: *Les moyens de communication face au phénomène des sectes et au New Age.* Card. Paul Poupard, Pupi Avati, G. Marco Salvati, o.p., Giuseppe Ferrari.

142

Apparemment, l'étude semble porter sur ce qui motive l'intérêt cyclique pour les cultes différents et ésotériques, du spiritualisme «alternatif» au spiritisme et à la science-fiction. En réalité, la véritable bête noire se devine entre les lignes: le «relativisme religieux» de fin de millénaire qui menace l'unicité de la marque. Curieusement, plusieurs éléments tout à fait hétéroclites sont rangés dans une unique catégorie: le «gnosticisme de masse». Ce type de grille analytique n'est sans doute pas assez fin pour permettre d'entrer dans les détails, mais sert à rassurer les hiérarchies et les leaders d'opinion au sein de l'entreprise sur son invincible primauté et sa compétitivité toujours renouvelée.

Le benchmarking interne

Il est utilisé généralement par des groupes industriels ou des grandes entreprises pour comparer les prestations, les opérations et les procédures au sein de ses différentes unités d'affaires (*business units*). Il se caractérise par une plus grande rapidité d'application, puisqu'il ne nécessite pas de consacrer du temps à la recherche de partenaires extérieurs, et utilise des «cercles de qualité» internes, ou externes, à l'entreprise.

L'Église a toujours favorisé la création d'associations cultuelles destinées à motiver l'achat. L'exemple le plus intéressant à cet égard est l'Opus Dei, congrégation fondée à Madrid le 2 octobre 1928 par Josemaría Escrivá de Balaguer*. Voici comment ce dernier en décrit, avec efficacité, les objectifs et les finalités:

---

* Béatifié en 1990 par Jean-Paul II, 15 ans seulement après sa mort: rapidité liée certainement au fait que l'Église a tenu compte du prosélytisme massif de l'organisation, malgré la forte hostilité du monde catholique envers elle en raison de son secret, ses méthodes et ses rapports avec le régime de Franco (*Cf.* Sofia Boesch Gajano, *La santità*, Laterza, Bari, 1999, p. 91).

[l'Opus Dei] est *operatio Dei*, ce que je traduirai très librement ici par «opération de Dieu»: une grande intervention salvatrice du Médecin divin, qui veut guérir et littéralement remettre sur pied le Corps du Christ, l'Église, tellement affaiblie par la perte de la foi que parfois elle semble avancer dans le monde moderne comme avec des béquilles et en boitant[7].

Cette organisation, déjà présente dans 87 nations en 1979 – avec un total de 72375 membres travaillant «pour 479 universités et grandes écoles réparties sur les cinq continents; 604 journaux, périodiques et publications scientifiques; 52 stations de télévision et de radio; 38 agences de presse et de publicité, et 12 sociétés de production et de distribution de films[8]» –, fait de l'obéissance de ses adhérents son fer de lance. Obéissance à laquelle on parvient au prix d'une complexe discipline de type militaire, qui va jusqu'à la mortification de la chair au moyen du cilice.

L'Opus Dei a sans doute mis en œuvre un *benchmarking* inspiré de modèles laïcs comme la franc-maçonnerie. Le secret est en effet l'un des fondements de l'organisation, comme d'ailleurs la sanctification du travail, ce qui signifie la transformation des actions quotidiennes en actions surnaturelles.

Autre pilier de la pratique, le contrôle des personnes et de leurs comportements par le biais de la confession et des entretiens périodiques (*charlas*) avec les prêtres de l'Opus Dei. Enfin, tous les adhérents sont tenus de se livrer à une activité intense de prosélytisme, explicitement dirigée vers les leaders d'opinion. Pour réaliser cet objectif, l'endoctrinement commence très tôt, comme en témoigne cette chanson enseignée aux jeunes de l'organisation:

144

Dans la mer il y a des milliers de gros poissons.
Tu le sais, tu le sais.
Il suffit de plonger, libres et légers.
Si tu aperçois un poisson
Tu te places à son niveau, agile et rapide.
D'un coup sûr, tu le frappes de ton harpon.
Puis tu t'en empares, et c'est bon.
(Refrain)
Moi j'aime la pêche, la chasse sous-marine :
Poursuivre les poissons c'est une chose divine.
J'aime la pêche sans filet et hameçon,
Parce qu'attendre que morde le poisson
Ce n'est pas pour moi, pas pour moi,
La la la la...[9]

La mission de l'Opus Dei est très ambitieuse. Le *bench-marking* interne vise à atteindre l'idéal de «purification» de l'Église et s'y emploie avec une discipline de fer. Malgré les incompréhensions entre le monde des fidèles et l'organisation, l'Opus Dei agit depuis le début en poursuivant un idéal de perfection conforme à des impératifs définis plus tard par le concile Vatican II : *Ecclesia semper purificanda*, «l'Église doit sans cesse être purifiée». Le contact avec le monde extérieur ne sert pas, là non plus, à établir une véritable comparaison mais à s'approprier les centres de pouvoir de la concurrence contre laquelle il serait laborieux de rivaliser autrement.

Aujourd'hui, certaines multinationales adoptent avec succès cette technique : elles commencent par une inoffensive opération de *benchmarking* et finissent souvent par absorber les meilleurs dirigeants de la firme examinée, si ce n'est carrément la firme tout entière.

En dehors de l'Opus Dei, d'autres organisations d'usagers, comme par exemple l'Action catholique, opèrent un *benchmarking* interne en utilisant des méthodes plus «douces». L'Action catholique italienne est par exemple

> une Association de laïcs qui s'engagent librement, sous forme communautaire et organique et en collaboration directe avec la hiérarchie, afin de réaliser la finalité générale apostolique de l'Église [10].

L'organisme apparaît en 1868, à un moment délicat dans l'histoire des rapports entre l'Église et l'État italien. L'initiative de ses deux jeunes fondateurs, Mario Fani et Giovanni Acquaderni, prévoyait d'emblée un programme extrêmement simple, synthétisable en trois points: prière, action, sacrifice. À leur tour, ces trois points se fondaient sur la fidélité à quatre devoirs principaux: dévotion au Saint-Siège, étude de la religion, vie chrétienne, exercice de la charité. Le soutien à l'organisation repose sur les membres, responsabilisés à tous les niveaux.

> L'adhésion à l'ACI comporte pour le membre le devoir de contribuer – par la prière et par le sacrifice, par l'étude et par l'action – à la réalisation des finalités de l'Association; elle comporte aussi le devoir de contribuer financièrement à la vie et à l'activité de l'Association. L'adhésion à l'ACI donne au membre le droit de participer (directement au niveau de base, et par le biais des représentants aux autres niveaux) au choix des options fondamentales de l'Association [11].

Chaque membre est tenu de renouveler tous les ans son adhésion (sa carte lui est remise le 8 décembre de chaque année, fête de l'Adhésion), et tous les trois ans il élit les responsables qui le représentent aux différents niveaux. Les groupes sont encadrés par des responsables et des prêtres assistants. Tout fonctionne au niveau associatif par le biais des élus, à l'échelle de la paroisse, du diocèse, de la région et de la nation.

Outre une presse interne prolifique (s'appuyant sur la distribution de journaux internes et de nombreuses publications) ayant pour objectif de favoriser l'échange et le sentiment d'appartenance, la vie associative dispose d'autres vecteurs promotionnels, tels les congrès et les camps scolaires à l'échelle nationale, diocésaine et paroissiale, les écoles associatives, les rencontres et les exercices spirituels, les séminaires d'étude. Un modèle de promotion interne de la qualité qu'aucune autre entreprise *marketing oriented* n'est capable d'imiter.

Le benchmarking générique

C'est la méthodologie la plus récente, une approche plus agressive qui permet de découvrir, le cas échéant, des pratiques et des méthodes que l'entreprise examinée n'a pas encore mises en œuvre. Elle est aussi la plus difficile, parce qu'elle requiert à la fois des capacités d'abstraction et de compréhension du processus observé, ainsi que la participation d'experts au sein de l'équipe de travail, afin d'identifier le type de *benchmarking* le plus adapté à la taille et à la position de l'entreprise sur le marché.

Les rares chercheurs qui utilisent cette méthodologie doivent souvent accomplir un parcours plus ardu que ceux appliquant le *benchmarking* de concurrence. Il leur arrive de prendre une direction dont il est difficile de revenir : frappés par les qualités évidentes de la concurrence, ils effectuent, par excès d'objectivité, des ouvertures qui ne sont pas toujours du goût de la maison mère. C'est le cas du jésuite Anthony de Mello qui fit l'objet d'une admonition des autorités ecclésiastiques, sous forme de notification rédigée par le cardinal Joseph Ratzinger, alors préfet de la Congrégation pour la Doctrine de la Foi, et par l'archevêque de Vercelli, monseigneur Tarcisio Bertone, secrétaire[12].

> Le père Anthony de Mello (1931-1987), prêtre jésuite indien, a acquis une grande renommée suite à ses nombreuses publications qui, traduites en plusieurs langues, ont été largement diffusées dans de nombreux pays à travers le monde. Certains de ces textes n'avaient cependant pas été autorisés par lui avant leur publication. [...] Dans ses premiers écrits, tout en faisant ressortir l'influence des courants spirituels bouddhistes et taoïstes, le père de Mello est demeuré dans la ligne de la spiritualité chrétienne. Dans ces livres, il traite des différentes sortes de prière, demande, intercession et louange, ainsi que de la contemplation des mystères de la vie du Christ.

Et jusque-là, tout va bien. Cependant, dans un parfait style Procter & Gamble, après les compliments et la reconnaissance méritée, on passe à la *pars destruens* comprenant critiques et admonitions à l'encontre du fonctionnaire de la Multinationale qui a péché par excès d'enthousiasme envers les qualités et les performances de produits concurrents, même si sa bonne foi n'est pas mise en doute :

Mais déjà, dans certains passages de ces premiers écrits, et encore plus dans les publications qui ont suivi, on note un éloignement progressif d'éléments essentiels de la foi chrétienne. À la révélation qui nous a été donnée en la personne de Jésus-Christ, il substitue une conception d'un Dieu informe ou sans visage, au point d'en venir à parler de Dieu en termes de vide pur. Pour voir Dieu, il suffit de contempler le monde. On ne peut rien dire de Dieu; ce que l'on croit savoir n'est en fait que de l'ignorance. Poser la question de son existence est déjà un non-sens. Cet apophatisme radical conduit même à nier que la Bible contienne des vérités sur Dieu. Les paroles de l'Écriture sainte sont des indications qui ne servent qu'à conduire une personne au silence. Dans d'autres passages, le jugement sur les textes sacrés religieux, y compris la Bible, devient encore plus sévère: on prétend qu'ils empêchent les gens de suivre leur sens commun et les amènent à devenir bornés et cruels. Les religions, incluant le christianisme, sont un des principaux obstacles à la découverte de la vérité.

Au fond, la découverte du père de Mello n'était pas une grande découverte. Le fait de passer d'un marché fermé à un marché global comporte un certain nombre de chocs, à commencer par le constat que bien d'autres produits analogues, au moins aussi bons, sont en circulation. La communication avec les hautes hiérarchies de sa propre entreprise, souvent attachées à une conception dogmatique du marché et opposées à tout type d'ouverture ou de comparaison, peut alors devenir extrêmement délicate pour le chercheur.

Le père de Mello manifeste de l'estime pour Jésus, dont il se déclare « le disciple ». Mais il considère Jésus comme un maître parmi d'autres. La seule chose qui le différencie des autres hommes est que Jésus est « éveillé » et totalement libre, alors que les autres ne le sont pas. Jésus n'est pas reconnu comme Fils de Dieu, mais simplement comme celui qui nous enseigne que tous les humains sont les enfants de Dieu. De plus, les affirmations de l'auteur concernant la destinée finale de l'homme laissent perplexe. À un moment, il parle de « dissolution » dans une divinité impersonnelle, comme le sel se dissout dans l'eau.

[...] En accord avec ce qui a été énoncé précédemment, on peut comprendre comment, selon l'auteur, toute croyance ou profession de foi envers Dieu ou le Christ n'aide pas, et même peut empêcher une personne d'accéder à la vérité. L'Église, faisant une idole de la parole de Dieu dans l'Écriture sainte, a fini par bannir Dieu du temple. Elle a par conséquent perdu l'autorité pour enseigner au nom du Christ.

C'en est trop pour une marque convaincue de sa propre unicité. Et voici donc la défense de ses caractéristiques, de son image exclusive :

Par la présente notification, et afin de protéger l'authenticité de la foi chrétienne, cette congrégation déclare que les positions mentionnées ci-dessus sont incompatibles avec la foi catholique et peuvent causer un grave tort.
Le souverain pontife Jean-Paul II, lors d'une audience accordée au cardinal préfet soussigné, a approuvé le

présent avis, adopté à une session ordinaire de cette congrégation et a ordonné sa publication.

Rome, Office de la Congrégation pour la Doctrine de la Foi, le 24 juin 1998, en la solennité de la naissance de Jean-Baptiste.

L'ex-Saint-Office parvient néanmoins dans ce document à «sauver» les premiers livres du père de Mello, ceux qui ont été publiés en exclusivité pour l'Italie par les très catholiques Éditions Paoline. En effet, il était trop tard pour admettre que leur publication était une erreur, et somme toute, il fallait aussi saisir l'opportunité d'exploiter ce scandale pour continuer à les vendre.

Cette affaire permet de comprendre la difficulté de la pratique du *benchmarking*, lorsqu'une entreprise n'est pas habituée à se comparer à la concurrence. L'image de marque, la prédisposition naturelle à se considérer comme le point de référence dans un marché polycentrique, sont des ennemis invisibles qui risquent de faire échouer toute tentative de rénovation. Ainsi que le soutiennent certains experts,

> le *benchmarking* n'est en réalité qu'une méthode pour gérer les changements. Il n'est pas rare qu'une entreprise, décontenancée par le décalage entre sa prestation et celle de la meilleure entreprise concurrente, réagisse en refusant la réalité, ce qui représente le premier pas dans le processus de recentrage[13].

Les meilleures entreprises ne sont pas à l'abri de ce danger. Quoi qu'il en soit, il n'y a pas de modalité d'approche plus adaptée. Et l'Église a amplement démontré sur le long terme qu'elle savait tirer tous les avantages du *benchmarking*.

151

L'objectif est de tendre le plus possible vers la satisfaction du client. De ce fait, les tests et les recherches sur les consommateurs sont d'une importance fondamentale. Citons l'exemple de Fiat qui s'est doté d'un système d'évaluation continue de la qualité du service offert par le réseau: le «Customer Satisfaction Index». Grâce à cet indicateur de performance, la qualité peut être mesurée directement à partir du jugement de l'utilisateur final, et il est possible de traduire en chiffres le niveau de satisfaction des clients de chaque concessionnaire, d'identifier les zones critiques et de définir sur cette base les améliorations qui s'imposent.

Dans la même logique, les caisses enregistreuses des librairies japonaises sont reliées par un système télématique aux maisons d'édition, et celles-ci disposent en temps réel, minute après minute, des données de vente avec les projections relatives concernant l'évolution des goûts du public.

L'Église est allée encore plus loin sans employer ces instruments, parce qu'elle applique depuis toujours la forme la plus efficace de marketing pré et post-vente. Elle a peaufiné historiquement son expérience en construisant ce que Peter Berger définit comme des «structures de crédibilité», c'est-à-dire des dispositifs et procédures destinés à légitimer la façon de penser ou d'agir des gens. Ce travail, qui permet de gérer la conception du produit par le public et de le fidéliser, doit à son tour être légitimé par les croyants dans un processus interactif.

Ainsi la permanence de la foi catholique dans la conscience de l'individu requiert qu'il reste en relation avec la structure de crédibilité du catholicisme. Il faut surtout qu'il trouve dans son milieu social une communauté catholique qui soutienne en permanence sa foi. Il vaut mieux, évidemment, que ceux auxquels le rattachent des liens affectifs plus étroits [...] appartiennent à cette communauté – peu importe, par exemple, que son dentiste ne soit pas catholique, mais il vaut bien mieux que sa femme et ses amis intimes le soient. Cette communauté de soutien comportera un réseau d'échanges permanents qui, explicitement ou implicitement, renforceront dans la conscience de l'individu la vision catholique du monde[14].

Éduquer la cible à ne rien concevoir en-dehors de sa foi envers le produit, favoriser les unions, les habitudes, les comportements « licites » entre des personnes partageant cette foi, c'est une stratégie qui va bien au-delà des techniques de *feedback* et de mesure de la satisfaction. Plus encore : elle les précède. En outre, l'Église qui est formée par ses propres consommateurs autodétermine donc ses exigences de consommation qu'elle satisfait en temps réel. Jamais aucune marque n'a obtenu un tel résultat.

Techniques de pointe

De nouvelles techniques émergent depuis peu, comme le marketing multi-niveau, la télévente et le comarketing. Mais l'Église, à bon escient, a évité les deux premières et fait un usage très modéré de la troisième.

Le marketing multi-niveau, dans lequel on tend à utiliser toutes les relations d'une personne pour les transformer en vendeurs, ne l'attire pas pour deux raisons fondamentales. La première est que cette méthode – en réalité une version plus agressive du porte-à-porte – risquerait de «ravaler» l'image de l'Église au rang des Témoins de Jéhovah, desquels elle n'a pas besoin d'imiter les techniques de persuasion[15]. La seconde est à chercher dans les Écritures saintes, qui rappellent a posteriori quelle fut l'issue de la rencontre entre le fondateur de la marque et un vendeur appartenant à une chaîne de marketing multi-niveau :

> Jésus l'interrogea : «Quel est ton nom ?» Il dit : «Légion», car beaucoup de démons étaient entrés en lui. Et ils le suppliaient de ne pas leur commander de s'en aller dans l'abîme[16].

On sait que les démons supplièrent aussi Jésus de leur permettre d'entrer dans un troupeau de cochons (métaphore par laquelle on se référait peut-être à une masse de personnes de bas niveau culturel), mais qu'ensuite diables et troupeau, confondus comme le prévoit le marketing multi-niveau, finirent par se précipiter du haut d'un escarpement situé au-dessus d'un lac, dans lequel ils se noyèrent tous. Comment l'Église pourrait-elle adopter la logique suicidaire des «chaînes de saint Antoine»?

En ce qui concerne la télévente, pratiquée principalement par les télévangélistes américains, elle risquerait non seulement d'engendrer de dangereuses associations avec ceux-ci, mais aussi de vider de sens les points de vente et toute la chaîne de distribution construite au fil d'une histoire pluriséculaire.

Le comarketing ne constitue pas non plus une voie susceptible d'être empruntée par l'Église, à quelques exceptions près, comme nous le verrons. Selon ses exégètes, le comarketing permet de créer un «cercle vertueux» en associant deux marques célèbres. La concertation périodique des initiatives promotionnelles communes a plusieurs effets: amélioration de la qualité, fidélisation du client, évolution du marché, avantage compétitif et, cela va sans dire, enrichissement économique et culturel des entreprises partenaires.

Le 27 septembre 1998, à Bologne, Bob Dylan se produisit en présence de Jean-Paul II et de plus de trois cent mille jeunes. Après avoir interprété deux chansons, Dylan ôta son chapeau de cow-boy et s'inclina devant le pape. Il s'agissait pour une fois d'une opération de comarketing, puisque si le pape a reconnu la valeur du compositeur-interprète américain, la star de rock, en faisant ce geste, a légitimé à son tour la figure du souverain pontife devant ses fans et un public plus vaste de jeunes*. L'organisateur de la manifestation, le cardinal Ernesto Vecchi, déclara à cette occasion qu'il avait souhaité inviter Dylan parce qu'il représentait à son avis ce qui se faisait de mieux dans le rock et qu'en plus il avait «une nature spirituelle». La prudence de l'Église vis-à-vis de ce qui a une «nature spirituelle» ne l'empêche cependant pas de faire en sorte de se l'approprier et de continuer à gérer le monopole de la spiritualité – opération qui ne réussit pas toujours aux marques modernes.

Le rapprochement de Jean-Paul II avec les orthodoxes, les protestants et mêmes les juifs (avec les excuses de cir-

---

* En cette occasion, Associated Press accrut le battage publicitaire en déclarant: «C'est la matière dont les légendes sont faites: le rebelle qui "frappait à la porte du Paradis" [en référence à la célèbre "Knocking on Heaven's Door" de Dylan] rencontre l'homme qui possède les clefs du royaume de Dieu.»

constance) ne doit pas nous leurrer. L'unicité doit être sauvegardée en évitant tout type d'amalgame. À la rigueur, ce seront les autres qui se convertiront ou utiliseront la marque avec une licence limitée. À cet égard, il convient de citer les expériences conduites au cours du XXᵉ siècle sous l'égide du Vatican ou avec son accord. De puissantes sectes comme les Focolarini, le Chemin néocatéchuménal, Communion et Libération, ont constitué un nouveau terreau pour la foi, au moment où le credo diffusé par la maison mère semblait perdre en vitalité. Ce fut l'occasion pour l'évêque Paul-Josef Cordes, du Conseil pontifical pour les laïcs, de s'exclamer: «Nous assistons à l'éclosion de nouveaux mouvements, comparable à l'apparition des Franciscains et des Dominicains au XIIIᵉ siècle[17]!» Ainsi la grande ouverture du Vatican à ces nouveaux mouvements était-elle confirmée.

En octobre 1987, Jean-Paul II réunit le synode dans le but de présenter officiellement, par surprise, les trois organisations. Il ne restait plus aux évêques qu'à manifester «librement» leur accord. La méthode utilisée par la curie romaine pour qu'un synode se conforme à ses directives est intéressante: on distribue dans la salle des documents, de véritables directives (*guidelines),* à savoir les *Lineamenta* et l'*Instrumentum laboris,* qui précisent la position à adopter vis-à-vis du thème de la réunion. En l'occurrence, ce fut l'évêque Cordes qui prépara ce matériel en réaffirmant avec une grande véhémence, entre autres points, que «les laïcs doivent s'efforcer de dépasser la séparation pernicieuse entre la foi professée et la vie quotidienne[18]», concept d'interprétation difficile qui constituait cependant un slogan pour les nouveaux mouvements. La savante mise en scène de la curie aboutit en cette occasion (comme toujours du reste) à la reconnaissance officielle.

Il ne pouvait d'ailleurs pas en être autrement: les trois mouvements en question, fondés respectivement par Chiara Lubich, Kiko Arguello et Luigi Giussani, se montraient animés par des idées ultraconservatrices et des projets parfaitement alignés sur les principes colonisateurs du Vatican. Mais ce qui avait le plus d'importance, c'était leur nombreuse suite: les trois mouvements, déjà imposants à l'époque du synode, comptent aujourd'hui environ trente millions d'affiliés.

Les documents distribués durant le synode réaffirmaient également les principes de marketing au nom desquels il est possible de concéder la licence aux laïcs, pourvu qu'elle ne se transforme jamais en franchise, le danger de la « cléricalisation » des laïcs devant être conjuré.

Les hiérarchies de l'Église redoutaient sans doute le spectre d'une démocratisation excessive, surtout depuis le bouleversement causé par le Troisième Congrès mondial pour l'apostolat des laïcs en 1967, autorisé par le pape Paul VI: les laïcs y avaient créé la surprise en réclamant une représentation élective. L'Église ne manifesta pas cet embarras typique des entreprises de grande consommation face aux protestations des mouvements de consommateurs ou d'écologistes qui demandent voix au chapitre en matière de production. La question fut examinée avec un grand calme, et on attendit la papauté de Jean-Paul II pour confirmer la séparation rigide entre la hiérarchie ecclésiastique et les laïcs, d'une façon qui passa carrément pour une « grande ouverture ».

Tout le monde put vite constater le succès de cette politique, et bien des initiatives des trois organisations figurent aujourd'hui parmi les événements les plus importants de la vie catholique. Par exemple, les *meetings* de Communion et Libération se sont imposés au niveau local, avec la bénédiction de la curie, comme la réponse catholique aux fêtes de l'Unità organisées par le parti communiste, alors que les manifestations analogues de la Démocratie chrétienne ne parvenaient plus à offrir au public une qualité comparable en termes de choix des artistes pour les concerts ou des éminents conférenciers invités à intervenir lors des débats publics.

Tous les cinq ans, les Focolarini organisent les «Genfest», des rencontres internationales; déjà en 1987, non moins de quarante-quatre Genfest avaient lieu dans le monde entier avec la participation de cent trente mille personnes. Quant aux Néocatéchumènes, ils se sont approprié les Journées mondiales de la jeunesse, dont celles qui se sont déroulées à Rome en août 2000 et, à la faveur de la concomitance avec le jubilé, se sont transformées en Woodstock catholique, avec plus de deux millions de participants, tout en gardant un ton mesuré seyant bien au siège principal de la Multinationale.

Mais le plus spectaculaire de ces événements, en matière d'utilisation massive de gadgets créés *ad hoc*, reste la rencontre de 1993 à Denver dans le Colorado, à laquelle participèrent près de deux cent mille personnes. En cette occasion, Jean-Paul II put apprécier les avantages du *licensing*: posters représentant le pape bras dessus bras dessous avec d'autres célébrités, avec le slogan *Father Knows Best* («Papa a raison»); on pouvait boire partout de la bière «papale», la Ale Mary (qui rappelle la prononciation anglaise de «Ave Maria»), et MacDonald, chargé de la restauration de la manifestation, distribuait des mitres de carton que tous portaient pour se promener, en plus des T-shirts pour piétons portant l'inscription *I brake for Catholics* («Je freine devant les Catholiques»).

Enfin, un pressing arborait même sur son store un énorme message de bienvenue: *Welcome Pope, we cleanse too* («Bienvenue au Pape, nous aussi nous nettoyons»)[19].

De nos jours, le marketing de pointe démontre de façon évidente la crise de la discipline, une crise d'idées désormais définitive (et comment pourrait-il en être autrement, vu que des idées, il n'y en a jamais eu?). De nouvelles formules improbables se succèdent avec des noms tout aussi improbables, et certaines ne durent parfois que le temps d'une saison, assez cependant pour encaisser l'argent des derniers masters organisés dans de jolies localités où accourent les derniers pauvres d'esprit, les managers désespérés en mal de nouveauté.

Un exemple? Un des prophètes mondiaux de la pensée créative, cité dans toutes les écoles de marketing, a récemment annoncé la crise du marketing compétitif. Mais une fois le concept de compétition éliminé du marketing, que reste t il? Eh bien, au-delà de la compétition, il y a la «surpétition».

Edward de Bono, concepteur de cette nouvelle trouvaille, explique que le terme «compétition» dérive du latin et signifie «rechercher ensemble», tandis que le néologisme «surpétition» signifierait «chercher au-dessus». Dans le premier cas, il s'agit de rivaliser dans une même course: c'est le plus fort qui l'emporte. Dans le second cas, cela signifie trouver un sentier nouveau sur lequel courir tout seul et commencer à courir avant les autres. À l'avenir, les entreprises championnes seront donc surtout celles qui «courent toutes seules», celles qui parviendront à créer leur propre parcours exclusif, leur propre «monopole de valeurs». Faire de la «surpétition» signifiera offrir des «valeurs intégrées», c'est-à-dire des valeurs s'intégrant à celles du produit, perçues par le consommateur selon ses habitudes ou son style de vie.

Exemple de «valeur intégrée»: de Bono a suggéré à Ford au Royaume Uni d'acheter NCP (National Car Park), compagnie disposant d'un vaste réseau de parkings qui devaient par la suite être réservés aux possesseurs de voitures Ford. C'est une chose que de fournir simplement une voiture, c'en est une autre que de fournir une voiture avec possibilité de parking. Dans cette vision, la voiture ne serait plus conçue uniquement comme un «engin itinérant»: la possibilité de se garer fait partie des «valeurs intégrées» d'une voiture lorsqu'on se déplace en ville.

Le paquet Twix de la marque Mars, constitué de deux «barres jumelles» de chocolat, fournit un autre exemple de «valeur intégrée». Elle fut lancée sur le marché avec un grand succès au moment où les consommateurs manifestaient une préoccupation croissante pour la diététique. En quoi consisterait, selon de Bono, la «valeur intégrée» offerte par ce produit? Eh bien, quand on mange du chocolat, on se sent coupable: par conséquent,

> si vous avez une seule barre de chocolat, vous la percevez comme une «unité» de culpabilité. Mais si vous avez une barre divisée en deux morceaux, lorsque vous en mangez un vous le percevez comme «demi-unité» de culpabilité. Lorsque, plus tard, vous mangez le deuxième morceau, vous avez toujours affaire à une «demi-unité». Mais dans la «mathématique de la culpabilité», la somme de deux moitiés est inférieure au tout [20].

Citons encore Wispa, un produit de la société Cadbury's dont la valeur intégrée présentait de nombreuses analogies avec Twix de Mars. Wispa est une tablette de chocolat pleine d'air. Les consommateurs sont apparemment contents de payer l'air au même prix que le chocolat, parce qu'ainsi ils se sentent moins coupables...

La « surpétition » arrive avec un retard historique de près de deux mille ans. L'Église a toujours incorporé dans son service la « valeur intégrée » la plus importante : celle du pardon. Des millions de pécheurs n'attendent qu'une chose : qu'on leur pardonne pour continuer à pécher.

Par le biais de la parole écrite, le christianisme a créé le sentiment de culpabilité, et, par la parole, elle nous en libère : « Car la Loi fut donnée par Moïse ; la grâce et la vérité sont venues par Jésus-Christ » (Évangile selon Jean 1,17). Au cours des premiers siècles, la réécriture systématique de l'Ancien Testament parallèlement à la composition du Nouveau Testament a servi à légitimer une interprétation univoque de la parole de Jésus comme accomplissement final de ce qui est déjà écrit.

Vous avez bien lu : ce qui *est écrit*. Au lieu de produire des faits, il s'agit encore une fois de s'appuyer sur l'« écriture » comme référence forte. Moïse représente indubitablement la Loi, mais en opposition à la vision « punitive » de l'ancienne religion, on met au point la formidable trouvaille du « crédit de grâce ». Le sauveur, pour Paul, est plus qu'un bon d'achat : c'est un bon-cadeau. Jésus a élargi la grâce, tant à celui qui a péché qu'à celui qui n'a pas encore péché (on ne sait jamais). De cette façon, les consommateurs iront vers la marque, persuadés de pouvoir dépenser ce crédit et de pouvoir en avoir encore par le biais de la confession et du pardon.

Qui peut se plaindre d'un service de ce type ? La satisfaction du client est garantie.

7

Le zen et l'art du repositionnement

Remplacer le produit par l'image

Quelle suite l'Église donnerait-elle aux stratégies de communication adoptées par Jean-Paul II au cours de ses années de pontificat? Nombreux étaient ceux qui se le demandaient. Avec lui, le marketing était devenu presque exclusivement communication. Un choix extrême, mais adapté aux temps actuels. Disons, un choix inévitable. L'image s'était substituée au produit.

Les conséquences d'un tel phénomène sont bien connues des managers du marketing: un excès de communication sur le produit risque de phagocyter la marque, de même qu'un excès de communication sur la marque risque de phagocyter le produit. Wojtyla a fait un usage tellement massif des médias qu'il a fini par être phagocyté par eux et par devenir lui-même canal de communication.

Le grand chef de produit avait commencé à se transformer en icône depuis un certain temps. Les signes de ce processus de transfiguration du réel en virtuel étaient déjà perceptibles lorsque, après avoir vu *La Passion du Christ* en avant-première, il avait pris le réalisme du film pour la réalité, plongeant dans l'embarras le management de la

Multinationale, comme le souligne l'un des vaticanistes italiens les plus attentifs :

Nous sommes le soir du vendredi 5 décembre 2003, et dans sa salle à manger, Jean-Paul II, en compagnie de Dziwisz, voit en DVD, sur grand écran, la première partie de *The Passion*. Le lendemain, il achève de voir le film. Et le lundi suivant, le 8 décembre, fête de l'Immaculée Conception, Stanislas Dziwisz, son secrétaire personnel et préfet adjoint de la maison pontificale, reçoit les quatre personnes qui ont fait parvenir le film au pape. Il s'agit de Steve McEveety, le producteur américain, et sa femme ; de Jan Michelini, l'assistant réalisateur de Mel Gibson, et le père Alberto, ex *anchorman* du journal télévisé Tg 1 et parlementaire de Forza Italia. [...] La conversation a lieu en italien. C'est Michelini qui traduit en anglais à McEveety et à sa femme les propos du pape rapportés par Dziwisz.
Le clou de la soirée, c'est la petite phrase : « *It is as it was.* » Onze lettres pour dire que le film « correspond tout à fait à ce qui s'est produit dans la réalité ». Cela suffit pour ranger le pape dans le camp de ceux qui soutiennent inconditionnellement que *The Passion* adhère aux Évangiles. Ce lundi 8 décembre, Navarro, le porte-parole du Vatican, voit aussi le film de Mel Gibson.
Quelques jours passent et le 16, aux États-Unis, *Variety* publie le scoop : le pape a vu le film en avant-première. Le 17, surenchère. Dans *The Wall Street Journal*, l'une des plus célèbres journalistes américaines, Peggy Reagan, rend public le « *It is as it was* » du pape Wojtyla en citant comme source directe McEveety, comme source dernière Dziwisz, et comme confirmation supplémentaire un e-mail que lui a envoyé Navarro[1].

Si anodine qu'elle puisse paraître, cette affirmation, de la part d'un manager qui a consacré toute sa carrière à la mise en spectacle de la foi, aurait pu être lourde de conséquences : désorienter les consommateurs, remettre sur le tapis de vieilles questions sur le rôle des images et des représentations sacrées dans la fidélisation à la marque... D'autant plus qu'entre-temps les journaux rapportent de nombreux cas de conversions survenues aux États-Unis après la projection du film. C'est pourquoi la déclaration spontanée du pape est immédiatement censurée et rectifiée par une prise de position neutre, «officielle», de la part de la maison mère :

Le 24 décembre, la veille de Noël, Cindy Wooden du *Catholic News Service*, l'Agence de la conférence épiscopale des États-Unis, cite deux prélats anonymes «proches du pape», qui nient qu'il ait émis un jugement sur le film.
Mais le 9 janvier, John Allen du *National Catholic Reporter* cite de nouveau la source vaticane qui lui confirme que le pape a bel et bien prononcé cette phrase, en l'enrichissant de nouveaux détails.
Et le 18, dans le *New York Times*, Franck Rich écrit que l'*italian translator* de la rencontre entre Dziwisz et McEveety lui a appris, en anglais, que le secrétaire du pape aurait ajouté, de son propre chef, l'adjectif *incredible* pour commenter le film. À qui prêter foi?
Au Vatican, Dziwisz, mis au pied du mur, finit par se rétracter. Le 19 janvier, il déclare au *Catholic News Service* que «le Saint-Père n'a confié son opinion sur ce film à personne», et que tout ce qu'on lui a fait dire «n'est pas vrai». C'est l'esclandre.
Jan Michelini confirme sa version, McEveety fait circuler

un e-mail de Navarro qui lui dit de ne pas se faire de souci et de continuer à utiliser la phrase fatale du pape, «encore et encore». Rod Dreher du *Dallas Morning News* demande une autre confirmation à Navarro qui lui répond que les messages adressés à McEveety et à d'autres personnes ne sont pas de lui, qu'il s'agit de faux. Et pourtant, ils s'avèrent tous envoyés depuis l'adresse e-mail du Vatican dont est également parti son désaveu.

Le 22 janvier, le directeur de la salle des publications émet un communiqué officiel: «Le Saint-Père a pour habitude de ne pas exprimer de jugements publics sur les œuvres artistiques.» Mais en privé? Assurément, d'énormes mensonges ont été racontés sur la scène publique [2].

Peu après, Jean-Paul II sature pour la dernière fois les médias, lors de sa cérémonie funéraire pharaonique: les clameurs des *papa-boys* mêlés à la foule sur la place Saint-Pierre s'ajoutent au son assourdissant sorti d'écrans géants. Le grand *showman* est enseveli pendant son agonie, dans le suaire sonore des horribles chansonnettes de la nouvelle liturgie, reprises à l'unisson sur la sempiternelle base de guitare, en la mineur-mi mineur.

Pour finir, ses fans saluent l'annonce de sa mort par un très long et inopportun applaudissement au lieu du silence. C'est ainsi que Wojtyla atteint l'immortalité médiatique. Ce serait donc ça, le Paradis?

Pourtant, la renaissance à la vie éternelle sous forme de cartes postales commémoratives, de miniposters, de DVD vendus dans les kiosques, les magasins de souvenirs et les lieux de culte, ressemble plus à l'Enfer.

S'asseoir sans rien faire

Pour en revenir à la question qui ouvre ce chapitre – la suite donnée aux stratégies de communication de Jean-Paul II –, la stratégie suivante était déjà prête. L'élection du nouveau pape devait être perçue par le public, encore une fois, comme une renaissance de l'Église elle-même, et transmettre la continuité de la marque. C'est pourquoi, après quelques séances de conclave, le choix ne pouvait se porter que sur l'homme le plus proche de Jean-Paul II, le cardinal Joseph Ratzinger.

Un passage passé presque inaperçu, rapide, efficace.

Le nouveau manager, qui dans son premier discours public se définit comme «un simple et humble travailleur de la vigne du Seigneur», s'est aussitôt trouvé confronté à des problèmes cruciaux d'un point de vue stratégique. La papauté de Benoît XVI s'ouvre en effet sur un violent affrontement au sujet de la procréation assistée, en particulier la fécondation hétérologue. Communément acceptée dans tous les pays du monde à l'exception de l'Italie, elle est remise sur le tapis par les formations laïques italiennes à travers un référendum sur l'abrogation de la loi qui l'interdit.

Ce qui est en jeu ici, c'est la *mission* même de la marque: empêcher avant tout que la concurrence puisse acquérir des parts de marché (la foi en la science ou les convictions politiques ne doivent pas prévaloir sur la foi en Dieu). En second lieu, garantir la sacralité de la vie dès la conception qui, selon les hiérarchies ecclésiastiques, doit suivre un cursus «traditionnel». Curieuse contradiction, si l'on considère les circonstances merveilleuses de la conception du Christ, fruit de la fécondation d'une très jeune Marie par une semence d'origine inconnue, différente de celle de son mari Joseph, alors que les deux parents étaient avertis et consentants.

Mais Ratzinger sait bien qu'au milieu de ces éternelles écritures et réécritures, lectures et relectures du Verbe, il convient de temps en temps de rétablir les interprétations correctes. Même lorsque les contradictions semblent inextricables. Le Vatican prône l'abstention au référendum, opérant ainsi un choix qui ne respecte qu'en apparence le principe de non-ingérence dans les questions d'État. C'est là toute la subtilité de cette prise de position. Ne pas voter à un référendum d'abrogation revient finalement à voter «non», et, de surcroît, permet aux fidèles d'éviter d'avoir à résoudre tous seuls une question éthique compliquée, normalement gérée par l'Église.

Reconnaissants d'avoir été soulagés d'un dilemme théologique de cette ampleur, qui leur aurait sans aucun doute gâché le week-end, les fidèles de la marque s'en vont à la plage le dimanche du vote, infligeant ainsi aux laïcs une défaite mémorable. Cette démonstration de haute stratégie permet au nouveau management de la Multinationale, sans entraînement préalable, de ramener à la maison sa première victoire sur la concurrence.

La *mission*, cependant, exige de revenir aux programmes sérieux après un tel divertissement. De même qu'un retour à la communication «pragmatique» et essentielle succède à l'excès de spectacle introduit par Jacques Séguéla dans la publicité des années 80, le nouveau management de l'Église en revient aux principes fondamentaux du catholicisme, sans spectacle ni clameurs, un léger sourire aux lèvres.

Une attitude zen, au moment précis où l'héritage judéo-chrétien est menacé par l'assaut de la pensée «orientalisante» New Age.

Comme l'écrit Slavoj Zizek,

[le New Age] dans ses différentes manifestations qui vont du «bouddhisme occidental» (pendant actuel du marxisme occidental, par opposition au marxisme-léninisme «asiatique») aux différents «Tao», est en train de s'affirmer comme l'idéologie hégémonique du capitalisme global. C'est là que réside la plus haute identité spéculative des contraires de la civilisation globale d'aujourd'hui: le «bouddhisme occidental», bien qu'il se présente comme un remède contre la tension et le stress de la dynamique capitaliste nous permettant de libérer et de préserver notre paix intérieure – Gelassenheit – joue en réalité le rôle de parfait appendice idéologique de ce type de dynamique. [...]

On a quasiment tenté de ressusciter ici l'ancien cliché marxiste, tristement célèbre, de la religion comme «opium du peuple», comme appendice imaginaire de la misère terrestre: la position méditative «bouddhiste occidentale» est probablement la façon la plus efficace, pour nous, de participer pleinement à la dynamique capitaliste tout en conservant l'apparence de la santé mentale.

S'il vivait aujourd'hui, Max Weber écrirait assurément un supplément à *L'Éthique protestante et l'Esprit du capitalisme*, intitulé *L'Éthique taoïste et l'Esprit du capitalisme global*[3].

Plus encore que Jean-Paul II, Benoît XVI incarne le refus de ces faciles échappatoires libérales. Contre le nouveau «bouddhisme occidental», si «branché» (parce que permissif et amoral), il oppose de manière homéopathique une rigueur comparable à celle du bouddhisme Rinzai, dont les règles sévères sont tellement intériorisées qu'elles semblent avoir été oubliées. Sournoisement assise en position zen exactement là où elle était assise, la marque exécute une manœuvre stratégique de relance. Cet objectif suprême, que personne n'a jamais atteint dans l'histoire du marketing, est un véritable chef-d'œuvre dans l'art du repositionnement.

Rien n'a changé, tout a changé. Lorsque les vieilles valeurs apparaissent fanées et usées, c'est le moment de redécouvrir les vieilles valeurs. Le profil bas de Benoît XVI cache un grand savoir-faire, fondé plus sur la pensée et moins sur l'image. Cette stratégie ne peut que déstabiliser ceux dénués de valeurs aussi fortes.

Le nouveau pape ne peut se passer de communication, mais il l'utilise de façon plus discrète et stratégique, comme le confirme le discours adressé aux représentants des Moyens de communication sociale, le 23 avril 2005 :

> Je souhaite poursuivre ce dialogue fructueux, et je suis d'accord, à cet égard, avec ce qu'a observé Jean-Paul II, à savoir que «le phénomène actuel des communications sociales pousse l'Église à une sorte de révision pastorale et culturelle, de façon à être en mesure d'affronter de manière appropriée le changement d'époque que nous sommes en train de vivre».

Mais un peu plus tard, il précise le rôle central que l'Église prétend également jouer par rapport à ce phénomène :

On ne peut que souligner le besoin de repères clairs par rapport à la responsabilité éthique pour ceux qui travaillent dans ce secteur, en lien étroit avec la recherche sincère de la vérité et la sauvegarde de la centralité et de la dignité de la personne. À ces conditions seulement les médias peuvent répondre au dessein de Dieu qui les a mis à notre disposition «pour découvrir, utiliser, faire connaître la vérité, même la vérité sur notre dignité et sur notre destin d'enfants de Dieu, héritiers de son Règne éternel».

Les défis que notre Multinationale doit encore relever sont pendants depuis toujours : consolider la branche des États-Unis et obtenir une plus forte pénétration en Asie.

Mais avant de réaffirmer sa propre suprématie sur le marché, il faut établir des valeurs de référence absolues. Puis démontrer qu'on en est encore les dépositaires. Pour ce faire, une stratégie de la «non-action», dans laquelle Benoît XVI semble exceller, est adoptée, en version catholique apostolique romaine, c'est-à-dire une non-action* rien moins que vide, comme le prescrirait le zen orthodoxe, mais pleine de bonnes intentions...

Retrouver son propre centre

Pour mieux comprendre cette stratégie, il faut considérer la position adoptée par l'Église à l'orée de la saison nouvelle. Le retour à la centralité de la marque a été méti-

---

* En chinois, *wu-wei*. Dans le pragmatisme bouddhiste, l'individu cultive le vide pour éliminer toute forme d'attachement même à ses propres actions, qui deviennent donc des non-actions.

culeusement préparé. Son objectif n'était pas simplement de consolider ses parts de marché (Jean-Paul II y avait déjà pensé) mais plutôt de reconquérir des parts encore occupées par le relativisme d'un côté, et les valeurs laïques de l'autre – car les deux choses ne coïncident pas toujours. Il fallait réfléchir là-dessus.

C'est comme si le management de l'Église, à l'instar des sociétés de marketing les plus en pointe actuellement, initiait ses propres cadres dirigeants à la méditation zen, pratiquée en se concentrant sur son propre ventre : une opération de recentrage qui permet de retrouver la bonne position, même mentale. L'Église de Ratzinger promeut en son sein une nouvelle autoconscience, en allant chercher dans son ventre des stratégies qui lui permettront encore une fois de l'emporter sur les marchés locaux et internationaux.

Et c'est dans cet esprit que, le 2 octobre 2005, la Multinationale convoque et réunit le premier conseil d'administration pour établir les *guidelines* du nouveau parcours : le synode épiscopal consacré à l'Eucharistie porte à terme un énorme travail d'ajustement, en vertu duquel l'unicité de la marque est réaffirmée. On en revient donc à parler implicitement de supériorité du produit.

Jamais conseil d'administration de plus de trente personnes n'a fait preuve d'une efficacité aussi effrayante : en trois semaines de travail, les 250 pères synodaux produisent 22 dossiers comprenant plus de 50 propositions (résultat obtenu après examen de 500 amendements) pour le positionnement de l'Entreprise dans les années à venir. La clef de voûte en est la réaffirmation de la présence substantielle de Jésus dans l'Eucharistie et tout ce qui tourne autour : intercommunion, possibilité d'avoir accès aux sacrements pour les divorcés remariés, connexion entre la célébration de la messe et le célibat sacerdotal, interculturation, dignité des célébrations.

Tout est passé en revue, du rapport entre Eucharistie et autres sacrements (confession et surtout mariage) aux conséquences sociales, anthropologiques, écologiques de la participation au repas de l'Eucharistie.

Le seul précédent de publication immédiate de propositions élaborées remonte à 1985 : Jean-Paul II en décréta la diffusion dès l'issue du synode extraordinaire convoqué vingt ans après la fin du concile, pensant ainsi faire l'économie du document postsynodal[1]. Dans les deux cas, l'Entreprise a fait preuve, au moins formellement, de la plus grande transparence – politique très appréciée des mouvements de consommateurs actuels.

La gestion des mots permet de gérer les signifiés, et au final d'hypothéquer fortement l'objet auquel le mot se réfère. Dans cette optique, l'Église a remporte une autre victoire facile sur une concurrence embrumée, à la pensée faible : elle s'est appropriée un mot-clé, *laïcité*, et a fait circuler en même temps un de ses dérivés artificiels à bon marché, *laïcisme*, caractérisé par un prix de revient modique et un prix d'utilisation extrêmement élevé pour les laïcs qui l'adoptent sans se rendre compte de la différence. C'est la conséquence d'une laïcité faible qui s'est nourrie pendant trop longtemps du relativisme sous sa forme la plus délétère, comme nous le verrons plus tard.

Pour chaque question, la marque dispose d'un certain nombre de promoteurs indépendants qu'elle laisse libres de circuler, d'agir comme consultants spécialisés, de participer fréquemment à des événements médiatiques en la représentant, même si ce n'est pas officiellement. Tel Gianni Baget

Bozzo, prêtre et politologue, entre autres. Même si la passion excessive de ce *free-lance* envers la politique lui valut autrefois d'être suspendu *a divinis*, du moins a-t-il clarifié officiellement ce que l'Église entend par «laïcité»:

> En acceptant la démocratie, l'Église a ainsi distingué la laïcité du laïcisme. Le laïcisme est une définition de la laïcité comme opposition à la religion. La laïcité, comme l'entendent les catholiques, et comme il est désormais écrit dans tous les textes constitutionnels démocratiques, est l'affirmation d'un principe formel de résolution des conflits sans définition de contenu. Les catholiques italiens se sont inclinés, avec l'accord de la hiérarchie, devant la décision du Parlement et du corps électoral qui introduisaient dans la législation italienne le divorce et l'avortement. À cette occasion, ils ont accepté la démocratie tout en réitérant leur désaccord, et ils ont donc refusé une guerre de religion. De nos jours, les catholiques peuvent être les défenseurs du concept de laïcité et de démocratie communément accepté dans le monde. La démocratie est donc en soi un principe formel sans contenu, et c'est pourquoi le fait de parler de démocratie substantielle n'a proprement aucun sens. Le conflit actuel en Europe a été un conflit entre laïcité et laïcisme, et le laïcisme antichrétien est revenu en politique justement sur les thèmes de la vie, dans lesquels le magistère de l'Église s'est si fortement investi[5].

Ce type de propos permet de comprendre pourquoi certains défenseurs de la marque finissent parfois par être dérangeants, dépasser les bornes lorsqu'il s'agit de convaincre un public indécis, en affirmant des principes carrément critiques vis-à-vis de la maison mère. Baget Bozzo a en effet soutenu à plusieurs occasions que le «tournant anthropologique» de la théologie, c'est-à-dire l'interprétation de «Dieu comme la sublimation des valeurs de l'homme», représentait pour l'Église catholique une sorte d'infection.

Même lorsque les déclarations de ces promoteurs ne sont pas aussi explicites, ils attribuent néanmoins tout le mal du monde à ce mouvement d'idées néfaste connu sous le nom de Lumières. Il est rare que les philosophes laïques (de notre temps, convient-il toujours de spécifier) leur répondent, car la pensée laïque apparaît aujourd'hui affaiblie par un relativisme mal compris, alors qu'il faudrait faire preuve de force, ne fût-ce que pour rétorquer, à l'instar de Carlo Augusto Viano:

On impute souvent aux Lumières une influence négative sur notre culture,,, la suprématie de la raison sur le sentiment... une sensibilité limitée envers la particularité historique des cultures, la tentative d'uniformiser les comportements. Presque aucune de ces accusations n'est fondée. On oublie de plus que les tenants des Lumières ont eu le courage de dire que les textes religieux étaient faux et contenaient des impostures. [...] Un laïcisme qui ne soit pas craintif, qui sache critiquer les superstitions avec courage et promouvoir la liberté des individus, sans subir de restrictions au noms d'entités surnaturelles ou de textes dénués de fondement, voilà ce qui manque dans la culture et dans la pratique politique de notre pays[6].

Ce qui prend ici forme, c'est une conception de la laïcité qui diffère de la définition qu'en donne la marque, une façon de voir les choses que nous avions peut-être refoulée. Derrière la querelle entre *laïcisme* et *laïcité* se cache la guerre déclarée par Ratzinger à ce relativisme qu'il condamne comme «une dictature qui ne reconnaît rien comme définitif». Tel est le véritable ennemi, parce qu'il empêche la marque d'établir des valeurs absolues.

Si cette façon de penser prévalait, le cycle entier de production de notre Multinationale en serait compromis. Mais tous les catholiques ne sont pas d'accord avec cette position. Dans un article controversé, Dario Antiseri, philosophe catholique, a pris justement la défense de ce relativisme combattu par Ratzinger, non seulement en critiquant radicalement ses positions, mais aussi en défendant le nihilisme en tant que «reconquête de l'espace du sacré».

L'homme reste un être religieux non parce qu'il dispose des grandes réponses mais précisément parce que celles-ci ne sont pas à sa portée. Si l'homme était constructeur et maître du «sens», Dieu serait simplement une illusion inutile, inopportune et carrément néfaste. Mais ce n'est pas le cas – comme la tradition du «scepticisme chrétien» (Montaigne, Charron, Pascal, Huet), celle du catholicisme kantien (Reuss, Mutschelle), ou encore l'existentialisme chrétien (de Kierkegaard à Marcel et à Pareyson) l'ont déjà mis en lumière.

L'homme est et demeure un mendiant de sens. Il s'agit là d'une conscience qui rouvre l'espace de la foi : conscience qui est la conséquence immédiate du nihilisme entendu, à son tour, comme conscience de l'inconsistance théorique des grandes réponses, des absolus terrestres [7].

Il existe même des penseurs laïques tel Giovanni Jervis qui, symétriquement, se dressent contre le relativisme et ses conséquences néfastes pour la laïcité. Quelques pages mémorables de Jervis fustigent l'hypocrisie trop accommodante des relativistes:

> Le relativiste est hostile à toutes les positions «fortes», surtout si elles sont institutionnalisées: cependant, il semble ne jamais considérer la force, voire l'agressivité, de sa propre position. S'il est vrai qu'il prêche de laisser fleurir les mille fleurs des cultures et des opinions, en pratique il a ses préférences, parfois même factieuses, et en tout cas il tend à se considérer lui-même comme une fleur meilleure que les autres. Le relativisme, idéologie peu sereine, vit de ses propres polémiques et ses cibles sont toutes du même côté: l'ennemi du relativisme est, en substance, la rationalité occidentale.
>
> Le relativiste, donc, aime déployer de nouvelles possibilités, il aime interroger, objecter, ironiser, et aussi masquer sa propre pensée derrière les paradoxes. Il n'assume pas la charge de formuler une théorie cohérente, et encore moins systématique. Il ne juge pas et ne s'expose pas. C'est une position de «faible responsabilité» que la sienne. Mais c'est la raison pour laquelle cette position est efficace [8].

Giovanni Jervis lui oppose la rationalité scientifique et l'universalisme, fils de la pensée laïque de l'époque des Lumières, bien différents du pluralisme apolitique des relativistes «laïques» d'aujourd'hui, qui n'acceptent pas l'idée d'une identité fondamentale de pensée et de sentiments commune à toutes les cultures. Ils préfèrent se laisser aller à la contemplation romantique des merveilleuses «diversités» culturelles. Le «relativisme éthique» dont ils sont issus les empêche de prendre position, même face à des violations évidentes des droits fondamentaux de la personne humaine, et les conduit à développer un sentiment de tolérance presque chrétien, paradoxalement. La force des diversités doit prévaloir sur les droits de l'égalité.

Quoi de plus hypocrite? La *pietas* des relativistes consiste à maintenir intacts des nids d'arriération culturelle dans le monde, comme s'il s'agissait d'îles protégées. Mais dans cette optique, même les religions deviennent intouchables, puisqu'elles concernent un milieu «différent», «spirituel» ou «supérieur»[9]. Il est scandaleux que bien des prétendus laïcs, dont les *catho-communistes*, soutiennent cette position.

À coups de *kyosaku*

L'accent mis sur la marque finit par mettre inévitablement en avant une idée de supériorité sur les concurrents traditionnels jusqu'aux plus récents, mais le fait de rester assis en zazen risque de trop rigidifier les positions. Il faut donc se dégourdir un peu les jambes en allant faire un tour et en se donnant mutuellement quelques coups de *kyosaku** sur le dos. C'est ainsi que les cardinaux se démènent en pourfendant tout autour d'eux, en distribuant d'agréables coups à droite et à gauche, sur la littérature, le cinéma, les livres pour enfants.

D'anciens ennemis comme la magie et l'ésotérisme sont exhumés et fustigés sur la place Saint-Pierre comme

---

* Bâton rituel utilisé dans le zen pour tonifier et soulager le dos des moines lors des longues séances de méditation.

s'ils étaient encore en vie. Ratzinger, alors cardinal, se dresse contre *Harry Potter*, dont les charmes «agissent inconsciemment en déformant profondément la chrétienté dans l'âme, avant qu'elle puisse croître comme il se doit[10]». Le *Da Vinci Code* de Dan Brown est condamné par le cardinal Tarcisio Bertone, archevêque de Gênes et alors assistant de Ratzinger auprès de l'ex-Saint-Office. «Ne lisez pas et n'achetez pas ce roman», tel est l'appel retransmis par Radio Vatican[11] pour combattre le stéréotype selon lequel «il faut lire ce livre pour comprendre les manipulations opérées par l'Église sur le cours de l'histoire.»

Et pourtant, comme l'a écrit le journaliste Gérard Meudal: «Le succès de *Da Vinci Code* peut s'expliquer par l'aspect ludique du roman qui invite constamment le lecteur à déchiffrer anagrammes et palindromes en tous genres en le promenant du Louvre à Saint-Sulpice et de Westminster Abbey à un village écossais, par l'aspect féministe de la thèse qui le sous tend selon laquelle le rôle du principe féminin aurait été gommé de l'histoire des religions, mais surtout par la hantise de plus en plus présente d'être manipulé ou étroitement surveillé par des puissances occultes[12].»

La vérité, selon le Saint-Office, c'est qu'«un grand préjudice anti-catholique» a été porté. Il faut donc contre-attaquer tous azimuts. La marque s'apprête à affronter les nouveaux rivaux en s'entraînant contre ceux de toujours.

Derrière le goût des masses pour le mystère, les autorités ecclésiastiques entrevoient (et craignent) le grand danger d'une religiosité bricolée et d'un spiritualisme nécessairement dépouillé de doctrine chrétienne. «Quand la foi se fait rare – met en garde Julian Herranz, cardinal de l'Opus Dei – les gens cherchent l'apaisement dans l'éso-térisme.» Et c'est le New Age vu comme «une fausse réponse à une vraie demande de bonheur» qu'il prend pour cible, comme le souligne le cardinal Paul Poupard, président du Conseil pontifical pour la culture. Parmi les remèdes suggérés, la diffusion du catéchisme. [...]

La tendance ésotérique est le nouveau grand ennemi de la sainte Église romaine. Parce que ce sont les magiciens, les sortilèges réels ou imaginaires, le goût pour le mystère, le parfum subtil et insidieux de la gnose que la hiérarchie se sent appelée à combattre pour la conquête des âmes. Ce n'est plus à l'ombre du Capital que se cache Satan, pas plus que les derniers athées encore en circulation ne sont jugés dignes de crainte, ou que les bastions des rationalistes, émules de Voltaire, n'inspirent de l'effroi aux saintes hiérarchies [13].

Tandis qu'une partie du management de la Multinationale s'employait à combattre la diffusion des romans ésotériques et de la littérature pour la jeunesse sur fond de magie, il semble qu'un danger encore plus grand soit passé inaperçu, un danger susceptible de compromettre sérieusement le rapport des consommateurs avec le produit. Il s'agit d'un nouveau jeu vidéo issu du génie de Will Wright, auteur de jeux tels *SimCity* et *The Sims*, qui se sont vendus par dizaines de millions d'exemplaires dans le monde.

Ce jeu intitulé *Spore* permet de créer son propre univers, de la simple cellule à la galaxie. En substance, le joueur peut éprouver l'émotion de devenir Dieu et d'avoir en main les leviers de la Création. Pour obtenir ce résultat, Will Wright s'est inspiré des travaux d'experts de différentes disciplines (de la biologie à l'astrophysique, de l'urbanisme à l'ingénierie mécanique) et, surtout, des sagas galactiques des plus célèbres romans de science-fiction. Autrement, comment aurait-il pu introduire dans son *Spore* un simulateur des conditions gravitationnelles générales, indispensable à la formation de nouvelles étoiles et planètes, simuler la présence de trous noirs ou de replis spatio-temporels?

« Dans les phases initiales du jeu, explique Wright, il est possible, par le biais d'une infographie extrêmement malléable, de forger de nouvelles créatures comme si l'on avait en main de la glaise virtuelle, qu'on peut allonger, déplacer, combiner, agrandir ou rapetisser, en manœuvrant la souris: on peut ainsi choisir ou créer des vertèbres, des arêtes, des mandibules, différents types de têtes, de queues, de cornes, de pattes et de griffes. En progressant d'un niveau à l'autre du jeu au rythme du processus d'évolution, ce qui n'était que simple micro-organisme immergé dans la soupe primordiale se transforme progressivement en être intelligent en mesure de gouverner une planète voire un système solaire tout entier.»

Un jeu non seulement blasphématoire mais aussi évolutionniste! Si l'Église ne s'est pas penchée sur cette affaire, cela tient peut-être au fait qu'au fond *Spore* fait de la propagande à Dieu et qu'au final, conformément aux critères réitérés par les chefs de produit de la Multinationale, seul le Dieu des catholiques existe. Donc, il ne subsiste aucun risque que le jeu vidéo puisse propager une conscience laïque ou, pire encore, agnostique.

Le *sutra* du cœur

L'Église a toujours été consciente du devoir qui lui incombe de préserver le Verbe et les mots qui en découlent en les gardant de la dévaluation. Comme nous l'avons vu, pour maintenir une primauté absolue, il faut devenir les dépositaires de valeurs absolues. La production de sens liée à cette condition sert à stabiliser le produit sur le marché.

L'Église n'a pas à craindre un accident comme celui dont a été victime une autre multinationale de grande consommation, Procter & Gamble, il y a une vingtaine d'années. À partir de 1980, la firme américaine se mit soudain à perdre des parts de marché et connut un revers de fortune lorsque le bruit courut que le logo de la compagnie contenait des symboles sataniques. Dans l'effigie du vieillard qui regarde les étoiles, certains prétendaient reconnaître le chiffre du diable : 666. Ce n'est pas tout : une autre rumeur se mit à circuler, comme quoi la grande maison aurait signé un pacte avec le démon, pour augmenter ses profits, en reversant régulièrement 10 % des gains à une secte satanique. Cette rumeur, née à l'ouest du Mississipi, avait vite gagné la partie orientale des États-Unis. En avril 1985, plus d'un siècle après la fondation de la compagnie, face aux menaces de boycott de la part des extrémistes catholiques, le logo fut éliminé de tous les emballages [14].

Comment un simple on-dit peut-il dissoudre l'image consolidée d'une marque ? C'est simple, tant la communication de la marque que la rumeur font partie, au sens large, du marketing, et donc peuvent finir par revêtir la même importance aux yeux d'un large public. Au fond, même l'Église communique ses propres valeurs par le biais des mots. Même le Verbe se fait mots. Le point critique tient à la façon dont ces mots sont gérés et partagés. C'est pourquoi il faut les défendre du danger du relativisme.

Dans un climat de grande tension sur le marché mondial, causé par l'intolérance des consommateurs fidèles jusqu'au fanatisme à d'autres concurrents, Benoît XVI a rétabli la centralité de la marque qu'il représente, en réaffirmant que son produit est le meilleur dans l'absolu. C'est ainsi que s'ouvre l'encyclique *Deus Caritas Est*[15]:

«Dieu est amour: celui qui demeure dans l'amour demeure en Dieu, et Dieu en lui» (1 Jn 4, 16). Ces paroles de la *Première Lettre de saint Jean* expriment avec une clarté particulière ce qui fait le centre de la foi chrétienne: l'image chrétienne de Dieu, ainsi que l'image de l'homme et de son chemin, qui en découle. De plus, dans ce même verset, Jean nous offre pour ainsi dire une formule synthétique de l'existence chrétienne: «Nous avons reconnu et nous avons cru que l'amour de Dieu est parmi nous.»

Nous avons cru à l'amour de Dieu: c'est ainsi que le chrétien peut exprimer le choix fondamental de sa vie. À l'origine du fait d'être chrétien, il n'y a pas une décision éthique ou une grande idée, mais la rencontre avec un événement, avec une Personne, qui donne à la vie un nouvel horizon et par là son orientation décisive.

Toute l'encyclique se fonde sur la réitération de la propriété de la marque dont elle revendique la primauté. L'amour est exactement ce qui fait la supériorité de la religion catholique sur les autres. Encore une fois, il s'agit d'une question linguistique. Les représentants du Verbe le savent bien et montrent encore une fois l'efficacité de ce positionnement. Aucune autre religion n'a défini de façon aussi accomplie et parfaite la dynamique «amoureuse» qui lie les consommateurs entre eux et tous ensemble à la marque.

Un problème de langage
2. L'amour de Dieu pour nous est une question fondamentale pour la vie et pose des interrogations décisives sur qui est Dieu et sur qui nous sommes.
À ce sujet, nous rencontrons avant tout un problème de langage. Le terme «amour» est devenu aujourd'hui un des mots les plus utilisés et aussi un des plus galvaudés, un mot auquel nous donnons des acceptions totalement différentes. Même si le thème de cette encyclique se concentre sur le problème de la compréhension et de la pratique de l'amour dans l'Écriture sainte et dans la tradition de l'Église, nous ne pouvons pas simplement faire abstraction du sens que possède ce mot dans les différentes cultures et dans le langage actuel.
Rappelons en premier lieu le vaste champ sémantique du mot «amour»: on parle d'amour de la patrie, d'amour pour son métier, d'amour entre amis, d'amour du travail, d'amour entre parents et enfants, entre frères et entre proches, d'amour pour le prochain et d'amour pour Dieu. Cependant, dans toute cette diversité de sens, l'amour entre homme et femme, où le corps et l'âme concourent indissociablement et où s'épanouit pour l'être humain une promesse de bonheur qui semble irrésistible, apparaît comme l'archétype de l'amour par excellence, devant lequel s'estompent, à première vue, toutes les autres formes d'amour. Surgit alors une question: toutes

184

ces formes d'amour s'unifient-elles finalement et, malgré toute la diversité de ses manifestations, l'amour est-il en fin de compte unique, ou bien, au contraire, utilisons-nous simplement un même mot pour indiquer des réalités complètement différentes?

Peu importe si les autres marques n'affirment pas la même propriété avec clarté. Et même, tant pis pour elles: l'Église s'approprie en premier ce produit commun dont elle définit le standard universel, en l'emballant et en indiquant également les meilleures modalités de consommation.

5. De ce regard rapide porté sur la conception de l'*eros* dans l'histoire et dans le temps présent, deux aspects apparaissent clairement, et avant tout qu'il existe une certaine relation entre l'amour et le Divin: l'amour promet l'infini, l'éternité – une réalité plus grande et totalement autre que le quotidien de notre existence.
Mais il est apparu en même temps que le chemin vers un tel but ne consiste pas simplement à se laisser dominer par l'instinct. Des purifications et des maturations sont nécessaires; elles passent aussi par la voie du renoncement. Ce n'est pas le refus de l'*eros*, ce n'est pas son «empoisonnement», mais sa guérison en vue de sa vraie grandeur.

Et c'est ainsi que sont fixés une fois pour toutes les principes de cohésion entre les consommateurs et la marque, dans un cercle vicieux. C'est un chapitre important, le «cœur de la doctrine», comme on le dirait dans le bouddhisme zen.

42: [...] la dévotion des fidèles manifeste l'intuition infaillible de la manière dont un tel amour devient possible : il le devient grâce à la plus intime union avec Dieu, en vertu de laquelle elle s'est totalement laissé envahir par Lui – condition qui permet à celui qui a bu à la source de l'amour de Dieu de devenir lui-même une source d'où «jailliront des fleuves d'eau vive» (Évangile selon Jean 7,38).

Ici l'administrateur délégué en personne, en fin théologien, joue admirablement la énième variation sur le thème de la cohésion entre marque et consommateurs, en résumant en même temps le système de production et de consommation qui la sous-tend. Lui-même devient «source», et source d'autorité. Tout cela, simplement au moyen de mots. Cela sera-t-il suffisant pour répondre aux attentes des consommateurs préoccupés de tout ce qui se passe en des temps de conflits dramatiques?

Comme l'a écrit le journaliste Eugenio Scalfari, dans un éditorial non moins magistral:

Nous vivons à une époque où le mal gratuit, immotivé, s'avère bien plus répandu que l'amour, ou du moins il est perçu comme tel. La question désespérée du sens, que Job adressa de façon péremptoire à son Dieu, ne s'est jamais autant posée qu'après la Shoah, après le goulag, après Hiroshima, après les tours de Manhattan, après les bombes «intelligentes» lancées en Irak et après les kamikazes du Djihad.

Quelle est la réponse? Le pape Ratzinger – je me permets de le dire – ne fournit pas de réponse satisfaisante. Il répète la version «officielle»: Dieu commence par illustrer la puissance du Créateur, écraser la créature en l'humiliant, réitérer l'inexistence de la loi par rapport à Lui. Puis il pardonne et rétablit le bien en faveur de Job. La miséricorde l'emporte sur l'omnipotence. Et c'est tout.

Le pape sait bien que la réponse est insuffisante, c'est pourquoi il recourt au mystère et à la foi. La foi, affirme-t-il, accepte le mystère. Dieu est justice et miséricorde. Nous ne pouvons pas comprendre quelles sont sa justice et sa miséricorde; si nous comprenions les desseins de Dieu, Il ne serait plus Dieu (saint Augustin). Seule la foi peut venir au secours de notre cécité [16].

La question que Job adressait à Dieu semble destinée à demeurer en souffrance. Alors on se demande: «À quoi sert l'omnipotence de Dieu si les créatures, derrière les vapeurs de l'encens liturgique, ne perçoivent que le chaos ou un créateur qui s'amuse à jouer le monde aux dés?» De l'autre côté règne un silence qui ne peut guère satisfaire que les intégristes. Peut-être.

Conclusion

On s'attend ici à ce que l'auteur tire les conclusions de son livre. Mais le livre ne reflète pas du tout les opinions de l'auteur.

La pensée est quelque chose de vivant, qui se renouvelle continuellement, tandis que l'écriture représente tout au plus sa cristallisation. Il ne reste donc plus qu'à désavouer tout ce qui a été écrit dans l'espoir que quelqu'un, un jour ou l'autre, ait l'idée d'en faire autant avec les Écritures saintes.

L'humanité a accordé trop d'importance à l'écriture et à la parole en général. Le *medium* s'est aussi solidifié grâce à l'apport du christianisme qui a rendu la parole plus solide que la pierre, après un temps où la pierre conférait à la parole sa solidité, et cela a fini par modifier notre capacité d'entrer en relation avec la réalité. Nous avons appris à percevoir la réalité à travers l'écriture et à croire que nous pouvions la modifier à travers elle. Ce faisant, nous ne sommes jamais entrés en relation avec la réalité mais seulement avec l'écriture. La réalité est et demeure toujours ailleurs.

Une dernière remarque : le Jésus dont parle ce livre est le produit d'une multinationale et de son marketing, et non le Jésus de l'histoire. La sacralisation de ses actes est étrangère au personnage lui-même.

Comme l'observe Ida Magli,

> le christianisme, en se constituant avec toutes les struc-
> tures du sacré dès l'instant qui suivit la mort de Jésus, n'a
> en aucune façon mis en acte ce qu'il avait proposé [1].

Il ne pouvait en être autrement. Le marketing ne crée
rien de nouveau, il le laisse seulement croire. Jusqu'à quel
point peut-il entrer dans la vie des consommateurs, jusqu'à quel point peut-il prétendre la prévoir, et en définitive, la gérer? Depuis toujours le marketing transmet
l'idée d'une consommation juste et nécessaire. Il est
démocratique, universel, il en arrive même à revendiquer
pour tous le droit à la liberté de choix, c'est-à-dire au libre
arbitre.

Mais qui le lui a demandé? Encore une fois, c'est une
stratégie de communication de la marque qui fournit les
instruments interprétatifs aux consommateurs pour
orienter leurs choix: oui, ils sont doués de libre arbitre,
mais seulement grâce au fondateur de la Multinationale.
Ils n'en sont pas doués naturellement, comme le voudrait
la pensée laïque. Par conséquent, les consommateurs ont
la liberté de choisir un produit, pourvu qu'ils le choisissent au sein du système de production et de consommation établi. Et même, pourvu qu'ils choisissent, si possible,
le produit de la marque.

En reprenant de façon laïque la métaphore de la
source utilisée par Ratzinger en conclusion de son encyclique, il est temps de retrouver la source de chacune de
nos convictions (ou conventions). Nous pouvons mettre
en bouteille l'eau de cette source en écrivant sur l'étiquette qu'elle est naturelle, mais nous ne devons pas

oublier qu'elle était naturelle avant d'être mise en bouteille et distribuée selon les stratégies du marketing*. Nous pouvons déconcerter nos semblables en écrivant que cette eau est l'eau par antonomase, ou bien qu'elle « désaltère plus que l'eau** », mais elle restera toujours de l'eau pure et simple, constituée de deux atomes d'hydrogène pour un d'oxygène, communément disponible dans la nature.

De la même manière, il faut comprendre que les valeurs que les grandes multinationales tentent de nous vendre nous appartiennent déjà. Les choses de notre vie nous appartiennent, de même que les valeurs et les mots qui les décrivent. Il n'existe pas un *amour chrétien*, il existe l'amour. On peut faire preuve d'une grande rigueur morale sans être religieux. La foi ne peut être partagée, ni par conséquent être transformée en produit de grande consommation par le marketing, ni être exportée, ni constituer un bien d'échange, ni être un objet de propagande. Elle doit rester une question rigoureusement privée et personnelle. Ce n'est qu'ainsi qu'augmentera la prise de conscience et que diminueront les conflits.

Que devons-nous faire pour ne pas nous laisser influencer par des arguments tels que « tout le monde le fait » ou « ils l'ont dit à la télévision », et cesser d'acheter des biens que nous possédons déjà, y compris nos croyances? Peut-

---

* « La redécouverte du surnaturel nous conduira surtout à récupérer une perception de la réalité qui ne soit pas prédéfinie. Elle ne signifiera pas seulement, comme l'ont proclamé à grands cris certains théologiens influencés par l'existentialisme, un dépassement de la tragédie de l'homme. Peut-être, et c'est plus important, s'agira-t-il d'un dépassement de la banalité » (Peter L. Berger, *La Rumeur de Dieu*, Éditions du Centurion, Paris, 1972.)
** Slogan de la campagne 1999 pour l'eau minérale Ferrarelle.

être ne pouvons-nous pas éteindre notre téléviseur et nous boucher les oreilles pour éviter d'être exposés à la parole, étant donné notre prédisposition naturelle à croire tout ce qui est dit, d'autant plus que de nos jours tous les messages ont revêtu une forme persuasive.

Quelque chose peut nous sauver. Ce n'est pas la divine Providence : c'est la Raison. Et, avec elle, la Logique.

Nous ne voulons convaincre personne, et même, après avoir tant écrit, par une forme d'écologie mentale, nous invitons notre lecteur à méditer sur l'illogisme qu'il y a à accorder trop d'importance à la parole écrite : c'est une illumination zen qu'un grand philosophe néopositiviste a exprimée de la façon la plus efficace par ce *koan*[*] :

La proposition : « C'est écrit[2]. »

---

[*] C'est ainsi qu'on définit cette devinette sans solution, ou paradoxe, en usage dans les écoles de zen pour inciter celui qui médite à abandonner l'intellect discursif considéré, de même que les mots, comme la cause principale de notre ignorance.

Notes bibliographiques

Introduction

1. Enrico Valdani, Chiara Mauri, Fabio Storer, *Il Marketing,* Biblioteca dei Quaderni Aziendali, Etas Libri, Milan, 1984, p. 17.
2. *Ibid.*

Chapitre 1

1. Al Ries, Jack Trout, *Le Marketing guerrier,* McGraw-Hill, Paris, 1987.
2. Jean Delumeau, *Le Péché et la Peur,* Fayard, Paris, 1983.
3. Bruno Ballardini, *La morte della pubblicità,* Castelvecchi, Rome, 1994, p. 48.
4. Les premiers à avoir souligné avec une extrême clarté cet aspect fonctionnel de la société humaine ont été les anthropologues Lionel Tiger et Robin Fox dans *L'Animal impérial,* Laffont, Paris, 1973.
5. Évangile selon Jean, 6,53.
6. Macarius Magnes, *Apokritikos,* III, 15 = fragment 69 Harnack, cité in Albert Henrichs, « Human Sacrifice in greek Religion », in *Le Sacrifice dans l'Antiquité,* Entretiens de la Fondation Hardt 27, Olivier Reverdin et Bernard Grange (éd.), Vandœuvres, 1981, pp. 227-228.
7. *Cf.* Julian Jaynes, *Naissance de la Conscience dans l'Effondrement de l'Esprit,* PUF, Paris 1994.
8. Évangile selon Matthieu 24,4. *Cf.* aussi Évangile selon Marc 13,5, et Évangile selon Luc 21,8.
9. Andrea Semprini, *La Marque,* PUF, Paris, 1998, p. 6 et suiv.
10. *Ibid.,* p. 8.

193

11. *Ibid.*

12. I*bid.*, p. 31.

13. Ce texte peut être consulté sur le site internet suivant: http://web.archive.org/web/20000816090009/www.clonejesus.com Et, selon l'article ci-après, la clonation de Jésus aurait été réalisée en 2001:http://www.reviewjournal.com/lvrj_home/2001/Sep-02-Sun-2001/news/

14. Piero Boitani in *Ri-scritture*, Il Mulino, Bologne, 1997, p. 8.

15. Entre autres, dans l'immense *Encyclopedia of Biblical Errancy* de Dennis McKinsey, dont seuls 192 points ont été publiés sur Internet à titre d'exemple (*cf.* http://members. aol. com/ckbloomfld/).

16. «Introduction aux Évangiles Synoptiques», dans *La Bible de Jérusalem*, Les Éditions du Cerf, Paris, 1996, p. 1410.

17. Hans Blumenberg, *Die Lesbarkeit der Welt*, Suhrkamp, Francfort, 1981.

18. Maurice Sachot, *L'Invention du Christ. Genèse d'une Religion*, Odile Jacob, Paris, 1998, p. 71 et suiv. (Le titre était peut-être trop provocateur pour l'Italie – d'où la publication chez Einaudi sous le titre *La predicazione del Cristo*. Le présent ouvrage devrait y remédier.)

19. *Cf.* Giorgio Jossa, *La verità dei Vangeli*, Carocci, Rome, 1998.

20. Jacques Derrida, *De la grammatologie*, Minuit, Paris, 1996, p. 26.

21. Walter J. Ong, *Orality and Literacy*, Methuen, Londres & New York, 1982, p. 75.

22. Première Épître aux Corinthiens 12,2.

23. *Ibid.* 12,4

24. Walter J. Ong, *op. cit.*, pp. 78-79.

25. Cité par Derrick de Kerckhove, *La Civilisation vidéo-chrétienne*, Éditions Retz/Atelier Alpha Bleue, Paris, 1990, p. 104.

26. *Cf.* Pierre Chuvin, *Chronique des derniers païens*, Les Belles Lettres/Fayard, Paris, 1990.

27. Tertullien, *De praescriptione haereticorum*, XIV, 4.

28. Maurice Sachot, *L'Invention du Christ* (*op. cit.*), p. 212.

29. Philip Kotler, *Marketing management*, Pearson Edu, Paris, 2004, p. 17.

30. *Cf.* Giorgio Fiorentini, Sergio Slavazza, *La Chiesa come «azienda non-profit»*, Egea, Milan, 1998.

31. Philip Kotler, *Marketing management* (*op. cit.*), p. 341 et suiv.

32. Concile œcuménique Vatican II, *Dei Verbum*, 10.

33. Pierre Eiglier, Éric Langeard, *La Servuction. Le Marketing des Services*, McGrawHill, Paris, 1987.

34. Marcel Mauss, Henri Hubert, «Esquisse d'une théorie générale de la magie», in *L'Année sociologique*, 1902-1903, VII; actuellement in Marcel Mauss, *Sociologie et anthropologie*, PUF, Paris, 1950, pp. 3-141.

35. *Cf.* J. Ladame, R. Duvin, *Les Prodiges Eucharistiques*, L'Arbresle, Lyon, 2003, pp. 242-247.

36. Battista Piergilii, *Vita della B. Chiara detta della Croce da Montefalco dell'ordine di S. Agostino*, Foligno, héritiers d'Agostino Altieri 1663, pp. 196-197, cit. in Piero Camporesi, *La Chair impassible*, Flammarion, Paris, 1983, p. 9.

Chapitre 3

1. CEI – Commission Épiscopale pour la Liturgie, *La progettazione di nuove chiese. Nota pastorale*, Rome, 1993, point 1.

2. *Ibid.*, point 2.

3. *Ibid.*, point 4.

4. *Ibid.*, point 6.

5. *Ibid.*, point 5.

6. Sondage paru dans *La Repubblica* du 3 mai 1999, p. 10.

7. A.N. Wilson, *Paul, The Mind of the Apostle*, Pimlico, Londres, 1998.

8. Vittorio Pranzini, *Storia breve del santino*, Essegi, Ravenne, 1997.

9. Entretien d'Orazio La Rocca publié dans *La Repubblica* du 3 mai 1999, p. 10.

10. CEI, *Missel romain 1983, Principes et normes pour l'utilisation du Missel (Institutio Generalis Missali Romani* – IGMR), Rome, 1983, chap. V, point 266.

11. Margherita Guarducci, *Il primato della Chiesa di Roma*, Rusconi, Milan, 1991, p. 117.

12. CEI, *Missel romain 1983 (op. cit.)*, chap. III, point 58.

13. *Ibid.*, chap. III, points 59-61.

14. *Ibid.*, chap. V, point 271.

15. *Ibid.*, chap. V, point 272.

16. *Ibid.*, chap. V, point 257.

17. *Ibid.*, chap. V, point 273.

18. CEI, *La progettazione di nuove chiese (op. cit.)*, point 13.

19. CEI, *Missel romain 1983 (op. cit.)*, chap. V, point 274.
20. CEI, *Premessa à l'IGMR*, Rome, 1983, § III, point 10.
21. Pierre Eiglier et Éric Langeard, *La Servuction (op. cit.)*.
22. V. Meloni, *Nobile Santa Chiesa*, 1967, musique de D. Stefani, Elle Di Ci, Turin, 1967.
23. D. Stefani, *Alleluia pasquale*, Elle Di Ci, Turin, 1969.
24. Musique de R. Jef, 1959, texte de D. Stefani, Elle Di Ci, Turin, 1962.
25. Martin Gerbert, *De cantu et musica sacra a prima Ecclesiae aetate usque ad praesens tempus*, Saint Blasien, 1774.
26. Gino Stefani, « Il mito della "musica sacra". Origini e ideologia », in *Nuova Rivista Musicale Italiana*, ERI Edizioni Rai, Rome, janvier-mars 1976, p. 23 et suiv.
27. *Ibid.*
28. *Ibid.*
29. Jean-Paul II, *Abbà Pater*, Nuova Carish, Milan, 1999.
30. CEI, *La progettazionedi nuove chiese (op. cit.)*, point 8 ; cf. CEI, *Missel romain 1983 (op. cit.)*, chap V.
31. CEI, *Missel romain 1983 (op. cit.)*, chap. I, point 1.
32. CEI, *Missel romain 1983 (op. cit.)*, Partie II, point 5.
33. *Ibid.*
34. Ida Magli, *Gesù di Nazaret*, Rizzoli, Milan, 1987, p. 73 et suiv.
35. *Ibid.*, p. 178.

Chapitre 4

1. Pour mieux comprendre la portée du débat qui se développa dans les années 70, il est indispensable de partir de Karl Rahner : *Les Sacrements de l'Église*, Nouvelle Cité, Montrouge, 1995 ; « Piété personnelle et piété sacramentelle », in *Écrits théologiques*, vol. II, Desclée de Brouwer, Paris, 1958 ; et d'Edward Schillebeeckx, *Le Christ, sacrement de la rencontre avec Dieu*, Le Cerf, Paris, 1997.
2. Edward Sapir, « The Status of Linguistics as a Science », in *Language*, n° 5, 1929, pp. 207-214.
3. Massimo Prampolini, "La perlocuzione celeste. L'omelia tra monologo e dialogo comunitario", in auteurs variés, *Lingua tradizione rivelazione. Le chiese e la comunicazione sociale*, Marietti, Casale Monferrato, 1989, p. 206.

4. CEI, *Missel romain*, Préambule, point 2.

5. Carl G. Jung, *Types psychologiques*, Georg, Genève, 1993, p. 25-26.

6. Domenico Cavalca, *Le vite dei SS. Padri*, Istituto Editoriale Italiano, Milan 1915, vol. II, p. 69-71, cité in Piero Camporesi, *La casa dell'eternità*, Garzanti, Milan, 1998, p. 231.

7. Rodolfo Parlato, «La Badessa di Montefalco, Pippo Baudo ed il caffè Kimbo», in *Frammenti di Mondo*, Editoriale Scientifica, Naples, 1999, p. 114-117.

8. Piero Camporesi, *La casa dell'eternità (op. cit.)*, p. 210.

9. Fulgenzio Cuniliati, O.P., *Il catechista in pulpito...*, T. Bettinelli, Venise, 1768, p. 232; cit. in Piero Camporesi, *La casa dell'eternità (op. cit.)*, p. 215.

10. Alcxander Kuhne, *Segni e simboli della messa e dei sacramenti*, Edizione San Paolo, Milan, 1998, p. 45.

11. Pietro Jacopo Bacci, *La Vie admirable de S. Philippe Néri, fondateur de la Congrégation de l'Oratoire*, La Rivière, Lyon, 1643.

12. Jacques dc Voragine, *La Légende dorée*, Gallimard, Paris, 2004, p. 33.

13. Odo Marquard, *Aesthetica und Anaesthetica*, F. Schöningh, Pladeborn, 1989.

14. Épître aux Romains, 12,1.

15. Daniel Miller, *A theory of shopping*, Polity Press, Cambridge, 1998.

Chapitre 5

1. Deuxième Épître aux Corinthiens 3,3.

2. Margherita Guarducci, *Il primato della Chiesa di Roma (op. cit.)*, pp. 37-38.

3. *Cf.* W. H. C. Frend, *The Rise of Christianity*, Augsburg Fortress Publishers, Philadelphie, 1984, pp. 707 et 773, et H. Chadwick, *The Early Church*, Wm. B. Eerdmans, Grand Rapids, 1976, p. 243.

4. Irénée, *Adversus haereses*, III, 1-2.

5. Bruno Ballardini, *Manuale di disinformazione*, Castelvecchi, Rome, 1994, p. 20.

6. Origène, *Commentaire sur l'Évangile de saint Jean*.

7. Grégoire de Nysse, *Discours catéchétique*, Prologue, I, 1.

8. Grégoire de Nazianze, *Homélie sur la nativité*, Discours 38.

9. Pseudo-Denys, *De divinis nominibus*, XIII, 3, 452.

10. Augustin, *De libero arbitrio*, II, 2, XV, 39.

11. Boèce, *De consolatione philosophiae*, III, 10, 1 et 79.

12. Jean Damascène, *De fide orthodoxa*, I, 3.

13. Anselme de Canterbury, *Proslogion*, chap. 2-4.

14. Saint Bonaventure, *Itinerarium mentis in Deum*, chap. 5; V, 308-309.

15. Thomas d'Aquin, *Symbolum Apostolorum expositio*, Prologue et a. 1, 860-876.

16. Pierre Olivi, *II Sententiarum*, Q. III.

17. Johannes Eckhart, *Opus Tripartitum*, "Ultrum Deus sit?".

18. Jean Duns Scot, *Quaestiones disputatae de rerum principio*, Q. I., a. 3, 19-27.

19. Guillaume d'Ockham, *Quaestiones in I Physicorum*, Q. 136.

20. Raymond Sebond, *Teologia naturalis*, II, LXII-LXIII.

21. Nicolas de Cues, *De possest*.

22. Thomas Campanella, *Theologia*, I, 2, a. 2.

23. Thomas Campanella, madrigal 3.

24. Claude Guillermet de Bérigard, *Circulus Pisanus*, II, XVIII-XX.

25. *Ibid.*

26. René Descartes, *Principia philosophiae*, Ire partie, IV, 18.

27. Blaise Pascal, *Pensées*, 369.

28. Fénelon, *Traité de l'existence et des attributs de Dieu*, I, chap. 1-2.

29. Jacques-Bénigne Bossuet, *De la connaissance de Dieu et de soi-même*, chap. IV.

30. John Locke, *Essai sur l'entendement humain*, IV, 10.

31. Gottfried Wilhelm Leibniz, *Monadologie*, § 54.

32. Giambattista Vico, *De antiquissima Italorum sapientia*, I, IV, 2; VI.

33. Samuel Clarke, *A demonstration of the Being and Attributes of God: More particularly in Answer to Mr. Hobbes, Spinoza, and their Followers*, Londres, 1705.

34. Christian Wolff, *Teologia naturalis moethodo scientifica pertractata*, I, 799.

35. Emmanuel Kant, *Critique de la raison pure*, B 626-27 = A 598-99.

36. Emmanuel Kant, *Critique de la raison pratique*, 1re partie, livre II, chap. II, section V.

37. Georg Wilhelm Frederic Hegel, *Vorlesungen über die Philosophie der Religion*, III, 2, XVIII: «Die Beweise vom Dasein Gottes», éd. G. Lasson, Leipzig, 1930.

38. Auguste-Alphonse Gratry, *Logique*, vol. I, «Introduction», pp. CXXXVII-XLI.

39. Antonio Rosmini, *Sulle Categorie e la Dialettica*, Sap., 1883, vol. VIII, pp. 491-498.

40. John Henry Newman, *The grammar of Assent*, note II, Londres, 1913, pp. 495-501.

41. Sören Kierkegaard, *Journal*, 1844, V A 7.

42. *Ibid.*, 1847, VIII A 30.

43. Franz Brentano, *Vom Dasein Gottes*, vol. II.

44. Bernardino Varisco, *Dall'uomo a Dio*, Rome, 1939, chap. IX et X.

45. Karl Jaspers, *Philosophie*, vol. III: «Metaphysik».

46. Luigi Fantappiè, *Il problema di Dio e la scienza moderna*, Rome, 1954.

47. Wilhelm Weischedel, *Die Frage nach Gott in skeptischen Denken*, De Gruyter, Berlin-New York, 1976; *cf.* aussi *Der Gott der Philosophen, Grundlegung einer philosophischen Theologie im Zeitalter des Nihilismus*, Darmstadt, 1972, vol. II, p. 206 et suiv.

48. Christopher Hitchens, *Le Mythe de Mère Teresa*, Dagorno, Paris, 1996, p. 79.

49. Jacques Ellul, *Histoire de la propagande*, PUF, Paris, 1976, pp. 5-8.

50. Source: *Annuaire Pontifical 199h8*, le «fact book» publié par le Vatican.

51. Cité in Derrick de Kerckhove, *La Civilisation vidéo-chrétienne (op. cit.)*, p. 94.

52. *La Repubblica*, 22 juillet 1999, p. 22.

53. *La Repubblica*, 16 juillet 1999, p. 27.

54. Vanni Codeluppi, *Consumo e comunicazione*, Franco Angeli, Milan, 1989, pp. 7 et 81.

55. Origène, *Contre Celse*, IV, 19, Le Cerf, Paris, 1976.

56. Source: *L'Espresso*, 21 décembre 1999.

57. *La Repubblica*, 15 octobre 1998.

58. Saint-Jean-de-Latran devait s'y ajouter en 1350, et Sainte-Marie-Majeure en 1390.

59. *Panorama*, 21 octobre 1999, p. 83.

60. Hans Urs von Balthasar, «Integralismus heute», in *Diakronia*, Mayence/Fribourg, 1988, pp. 221-229.

Chapitre 6

1. Robert Camp, *Le Benchmarking*, Édition de l'Organisation, Paris, 1992.
2. Épître aux Philippiens, 3,13-17. Les deux premiers versets sont aussi cités par Kathleen H. J. Leibfried et C. J. McNair, *Benchmarking*, Éd. Il Sole 24 Ore, Milan, 1995, p. 169.
3. *Cf.* Pierre Chuvin, *Chroniques des derniers païens (op. cit.)*
4. Le plus célèbre entre tous fut *Zen-Meditation für Christen*, Otto Wilhelm Verlag, Munich (trad. fr. *Méditation zen et prière chrétienne*, Albin Michel, Paris, 1994).
5. Hugo Enomiya Lassalle, *op. cit.*, p. 194.
6. Jean-Paul II, *Parole sull'uomo*, Rizzoli, Milan, 1989, p. 409.
7. Peter Berglar, *L'Opus Dei et son fondateur Josemaría Escrivá*, Mame, Tours, 1995, pp. 208-209.
8. Peter Hertel, *Opus Dei, les chemins de la gloire...*, Golias, Villeurbanne, 2002, p. 22.
9. La chanson, dont le texte original est en espagnol, est citée par Peter Hertel, *Geheimisse des Opus Dei. Geheimdokumente, Hintergründe, Strategien*, Herder, Fribourg, 1995, p. 73.
10. *Statut de l'ACI*, art. 1.
11. *Ibid.*, art. 13.
12. Notification de la Congrégation pour la Doctrine de la Foi du 24 juin 1998.
13. Alexandra Biesada, «Benchmarking», dans le *Financial World* du 17 septembre 1991, p. 29.
14. Peter L. Berger, *La Rumeur de Dieu*, Éditions du Centurion, Paris, 1972, p. 63.
15. *Cf.* Lorita Tinelli, *Tecniche di persuasione tra i Testimoni di Geova*, Libreria Editrice Vaticana, Rome, 1998, p. 235-248.
16. Évangile selon Luc 8,30-33.
17. Cité in Gordon Urquhart, *L'Armada du pape*, Golias, Villeurbanne, 1999, p. 75.
18. *Instrumentum laboris*, § 28, cité in G. Urquhart, *ibid.*, p. 77.
19. Cité in G. Urquhart, *ibid.*, p. 206.
20. Tiré de l'intervention d'Edward de Bono lors de la 7ᵉ conférence globale sur le marketing, en juin 1998.

Chapitre 7

1. Sandro Magister, *L'Espresso* n° 6, 6-12 février 2004.
2. Sandro Magister, *ibid.*
3. Slavoj Zizek, in *These Times*, 8 avril 2005.
4. *Cf. L'Avvenire*, 23 mai 2005.
5. Gianni Baget Bozzo dans *Il Giornale* du 21 octobre 2004.
6. Carlo Augusto Viano, séminaire sur *Laïcité et Laïcisme*, Rome, 24 novembre 2004.
7. Dario Antiseri, *Una spia a servizio dell'Altissimo*, in «Vita e Pensiero», revue de l'Université Catholique du Sacré-Cœur de Milan, novembre 2005.
8. Giovanni Jervis, *Contro il relativismo*, Laterza, Bari, 2005, p. 59.
9. *Ibid.* pp. 115-123.
10. Lettre du 7 mars 2003 envoyée par Josef Ratzinger à la critique allemande Gabrielle Kuby, en réponse à son essai *Harry Potter – Gut oder Boese?* concernant la saga conçue par Joanne Kathleen Rowling (source: LifeSiteNews).
11. Le 15 mars 2005.
12. Gérard Meudal dans *Le Monde* du 9 septembre 2004.
13. Marco Politi dans *La Repubblica* du 14 juillet 2005.
14. Bruno Ballardini, *La morte della pubblicità (op. cit.)*
15. Lettre encyclique *Deus Caritas Est du souverain pontife Benoît XVI aux évêques, aux prêtres aux diacres, aux personnes consacrées et à tous les fidèles laïcs, sur l'amour chrétien*, 25 décembre 2005.
16. Eugenio Scalfari, «Il male del mondo e l'amore di Dio», dans *La Repubblica* du 5 février 2006.

Conclusion

1. Ida Magli, *Gesù di Nazaret (op. cit.)*, p. 196.
2. Ludwig Wittgenstein, *De la certitude*, n° 216, Gallimard, Paris, 1987, p. 69.

Table

Introduction 7

1. Genèse (du marketing) 15
   Le marché de la culpabilité 15
   In hoc signo vinces 18
   Les tables de l'unicité................................. 20
   Testimonials judicieux 23
   Les ré-Écritures saintes 26
   Le Verbe, parole de Dieu............................. 29
   Norme écrite et hiérarchie 33
   Produit et service 35
   Critères de qualité totale 39
   Cycle de production et élimination des déchets 44

2. La politique de prix comme facteur stratégique 47

3. Merchandising et fidélisation du client.................. 49
   Venons-en au point (de vente) 49
   Le choix du lieu 52
   Interior design 54
   Gadgets en tout genre 57
   L'animation sur le lieu de vente 61
   Jingles et motifs de succès......................... 66
   L'offre de dégustation 72

4. Pour dévorer le marché 77
   Pragmatique des sacrements 77
   Les bonnes saveurs d'autrefois 81
   Le sacré kitsch 87
   Le détachant universel 94

5. *P* comme propagande 97
   Le premier publicitaire : Paul 97
   La plus grande campagne de positionnement 101
   Et voilà la stratégie de communication 104
   La première agence de pub 119
   Du *media planning* au *message planning* 122
   Les nouvelles frontières de la propagande 125
   Maître en relations publiques 127

6. *Benchmarking* et techniques de pointe 133
   La recherche de l'excellence 133
   Le *benchmarking* par quatre 136
      Le benchmarking de concurrence 136
      Le benchmarking fonctionnel 140
      Le benchmarking interne 143
      Le benchmarking générique 147
   Techniques de pointe 153

7. Le zen et l'art du repositionnement 163
   Remplacer le produit par l'image 163
   S'asseoir sans rien faire 167
   Retrouver son propre centre 171
   À coups de *kyosaku* 178
   Le *sutra* du cœur 182

Conclusion 189

Notes bibliographiques 193

Imprimé sur du papier 100 % postconsommation,
traité sans chlore, certifié Éco-Logo
et fabriqué dans une usine fonctionnant au biogaz.

ACHEVÉ D'IMPRIMER EN OCTOBRE 2006
SUR LES PRESSES DE MARQUIS IMPRIMEUR
À CAP-SAINT-IGNACE (QUÉBEC).